भारतीय व्यंजन शृंखला

151 स्वादिष्ट नाश्ते

AF875900

लेखिका
सुधा माथुर
व्यंजन विशेषज्ञा

पुस्तक महल®
दिल्ली • बंबई • बंगलोर • पटना

प्रकाशक

पुस्तक महल, दिल्ली-110006

विक्रय केंद्र

• 6686, खारी बावली, दिल्ली-110006........................फोन: 239314, 2911979

• 10-बी, नेताजी सुभाष मार्ग, दरियागंज, नई दिल्ली-110002...फोन: 3268292-93, 3279900

प्रशासनिक कार्यालय

एफ-2/16, अंसारी रोड, दरियागंज, नई दिल्ली-110002

फोन: 3276539, 3272783, 3272784

Telex: 031-78090 SBP IN * Fax: 91-11-2924673, 91-11-3260518

शाखा कार्यालय

• 23-25, जवाबा रोड, ठाकुरद्वार, बंबई फोन: 310941

• 22/2, मिशन रोड (शामा राव कम्पाउंड),
बंगलोर-560027 फोन: 2234025

• खेमका हाउस, वूमेन हॉस्पिटल के सामने, अशोक राजपथ,
पटना-800004 फोन: 653644

© कॉपीराइट सर्वाधिकार

पुस्तक महल, 6686, खारी बावली, दिल्ली-110006

सूचना

इस पुस्तक के तथा इसमें समाहित सारी सामग्री (रेखा व छाया चित्रों सहित) के कॉपीराइट सर्वाधिकार 'पुस्तक महल' द्वारा सुरक्षित हैं। इसलिए कोई भी सज्जन इस पुस्तक का नाम, टाइटल डिजाइन, अंदर का मैटर व चित्र आदि आंशिक या पूर्ण रूप से तोड़-मरोड़कर एवं किसी भी भाषा में छापने व प्रकाशित करने का साहस न करें, अन्यथा वे कानूनी तौर पर हर्जे-खर्चे व हानि के जिम्मेदार होंगे।

मूल्य :

पेपरबैक संस्कर

सजिल्द लाइब्रेरी सं

दूसरा संस्करण : जनवरी, 1994

लेजर टाइप सेटिंग: एस.बी.पी. इलेक्ट्रॉनिक्स पब्लिशिंग, 4/45, रूप नगर, दिल्ली-110007

मुद्रक : क्वालिटी ऑफसेट प्रिंटिंग प्रेस, नारायणा, दिल्ली-110028

दो शब्द

अन्य कलाओं की भांति भोजन पकाना भी एक कला है। यदि आप में इस कला के प्रति लगाव व रुचि है, तो सीखने के लिए कोई समय व उम्र बाधक नहीं है। नित नए, स्वादिष्ट व अनोखे व्यंजनों की विधियां दिमाग में स्वयं आती रहती हैं। इन विविध विधियों को जानने से ही किसी गृहिणी की सुघड़ता का पता लगता है।

'भारतीय व्यंजन श्रृंखला' के अंतर्गत इस पुस्तक में भारतीय नाश्तों पर इसी प्रकार प्रयोग करके कुछ पुराने व कुछ नए, अनोखे तथा स्वादिष्ट नाश्ते तैयार करने की विधियां बताई गई हैं।

हमारे देश में प्रत्येक मौसम में उपलब्ध विभिन्न फल-सब्जियों का प्रयोग करके इन विधियों की रचना की गई है। प्रत्येक विधि को साफ व सरल भाषा में कदम-दर-कदम लिखने का प्रयास किया गया है, ताकि बनाने वाले को इन्हें समझने में असुविधा न हो। वैसे तो प्रत्येक विधि में सामग्री की मात्रा दी गई है, परंतु बनाने वाला व्यक्ति उन व्यंजनों को ग्रहण करने वालों की संख्या को देखते हुए सामग्री को कम अथवा ज्यादा भी कर सकता है।

किसी भी व्यंजन को बनाने से पहले समस्त सामग्री को एक जगह एकत्र कर लें। इससे आप फालतू की भाग-दौड़ से बचेंगे व कम समय में व्यंजन बना पाएंगे। यदि पहली बार में कोई व्यंजन ठीक न बने, तो उसे बार-बार बना कर देखें। आप जरूर सफल होंगे।

व्यंजन को सफलतापूर्वक बनाना अत्यंत आवश्यक है और इससे भी अधिक आवश्यक है उसे खूबसूरती के साथ परोसना। व्यंजनों के मुताबिक बर्तनों का उपयोग ढंग से करें। साथ ही, उन्हें सलीके से परोसें व ऊपर से सजा कर पेश करें, तो आप को वाकई प्रशंसा मिलेगी। यह प्रशंसा ही पाक कला में दक्षता प्राप्त करने के लिए आप को प्रेरित करेगी।

आशा है, पाक कला में आपकी रुचि बढ़ाने और सुघड़ गृहिणी बनाने में यह पुस्तक आपको पूर्ण सहयोग देगी।

इस पुस्तक के संबंध में अपने सुझावों तथा विचारों से मुझे कृपया अवश्य अवगत कराएं, ताकि इसे और बेहतर बनाया जा सके।

– सुधा माथुर

नाश्ता-क्रम

पकौड़ा

अरवी पत्तों के पकौड़े

सामग्री :

अरवी के बड़े पत्ते	: 8
बेसन	: 4 कटोरी
अमचूर	: डेढ़ छोटा चम्मच
नमक	: डेढ़ छोटा चम्मच
लाल मिर्च	: 1 छोटा चम्मच
अजवायन	: आधा छोटा चम्मच
तेल/घी (तलने के लिए)	: आवश्यकता के अनुसार

विधि :

1. अरवी के पत्तों को धोकर साफ व सूखे कपड़े से पोंछ लें।
2. चार पत्तों को आपस में मिलाकर फैला लें।
3. ऊपर की गांठ काटकर निकालें।
4. बेसन में सारे मसाले व अजवायन मिला लें तथा पानी से गाढ़ा लेप तैयार करें।
5. सारे पत्तों पर लेप लगा दें तथा पत्तों को रूमाल की तह जैसा मोड़कर पैकेट-सा बना लें। सारे पत्तों को ऐसे ही करें।
6. कुकर की तली में पानी डालें, जाली रखें तथा उस पर डोंगे में दोनों पैकेट रखकर भाप में पकाएं।
7. सीटी न लगाएं। ढक्कन खोलकर पैकेट बाहर निकालें व ठंडा करें।
8. ठंडे पैकेटों से गोल अथवा अंडाकार कतरे काटकर तेल में तलें तथा सॉस या चटनी के साथ खाएं।

अंडे की पकौड़ियां

सामग्री :

अंडे (उबले व कतरों में कटे)	*: 6*
बेसन	*: 1 कटोरी*
चौकोर टुकड़ों में कटा बड़ा प्याज	*: 1*
हरी मिर्च (बारीक कटी हुई)	*: 3-4*
बेकिंग पाउडर	*: चुटकीभर*
नमक	*: तीन चौथाई छोटा चम्मच*
काली मिर्च (पिसी हुई)	*: चौथाई छोटा चम्मच*
लाल मिर्च	*: चौथाई छोटा चम्मच*
तेल (तलने के लिए)	*: आवश्यकता के अनुसार*

विधि :

1. बेसन, नमक व बेकिंग पाउडर को एक साथ छान लें।
2. कालीं मिर्च मिलाकर पानी के सांथ गाढ़ा घोल तैयार करें।
3. घोल में हरी मिर्च तथा प्याज भी मिलाएं।
4. कड़ाही में तेल गर्म करें।
5. अंडे के कतरों को घोल में लपेटें व थोड़ा-थोड़ा घोल साथ लेते हुए पकौड़े को गर्म तेल में छोड़ें।
6. जब वे दोनों ओर से करारे व गुलाबी बादामी सिंक जाएं, तो उन्हें ब्राउन पेपर पर निकालें।
7. चिली सॉस व टमाटर सॉस के साथ गर्मागर्म अंडे की पकौड़ियां खाएं।

लौकी पकौड़ा

सामग्री :

लौकी के पतले छल्ले (रिंग्स)	8-10
बेसन	2 कटोरी
बेकिंग पाउडर	चौथाई छोटा चम्मच
नमक	आधा छोटा चम्मच
लाल मिर्च	चौथाई छोटा चम्मच
चाट मसाला	आधा छोटा चम्मच
बारीक कटी हरी मिर्च	4-5
तेल /घी (तलने के लिए)	आवश्यकता के अनुसार

विधि :

1. लौकी के छल्लों को धो लें।
2. बेसन में नमक व बेकिंग पाउडर डालकर गाढ़ा घोल तैयार करें।
3. घोल में कटी हरी मिर्च, लाल मिर्च व चाट मसाला मिलाएं।
4. छल्लों के बीच से बीज निकाल दें।
5. अब प्रत्येक छल्ले को बेसन में लपेटकर तेल या घी में करारा होने तक तल लें।
6. उन्हें ब्राउन पेपर पर रखें, ताकि अतिरिक्त तेल या घी सूख जाए। इन्हें चटनी के साथ खाएं।

कच्चे केले का पकौड़ा

सामग्री :

कच्चे हरे केले	4
नीबू	1
चाट मसाला	1 छोटा चम्मच
नमक	आधा छोटा चम्मच
लाल मिर्च	आधा छोटा चम्मच
बेसन	1 कटोरी
बेकिंग पाउडर	चुटकीभर
तेल (तलने के लिए)	आवश्यकता के अनुसार

विधि :

1. केलों के छिलके उतार लें।
2. धोकर पतले लंबे टुकड़े काट लें।
3. प्रत्येक टुकड़े पर चाट मसाला बुरककर नीबू का रस डालें व 10 मिनट तक रखे रहने दें।
4. बेसन, नमक व बेकिंग पाउडर छानें तथा लाल मिर्च डालकर थोड़े पानी के साथ गाढ़ा घोल बना लें।
5. कड़ाही में तेल गर्म करें।
6. मसाले लगे केले के टुकड़ों को बेसन में लपेटें व तेल में गुलाबी होने तक तल लें।
7. टुकड़ों में नीबू का रस डालकर सॉस या चटनी के साथ खाएं व खिलाएं।

मूली के पत्तों के जायकेदार पकौड़े

सामग्री :

मूली के ताजे कच्चे पत्ते	: 5-7
मूंग धुली	: 1 प्याला
मध्यम आकार का प्याज	: 1
अदरक का टुकड़ा	: 1 इंच
हरी मिर्च	: 3-4
हींग	: चुटकीभर
अनारदाना	: आधा छोटा चम्मच
अजवायन	: चौथाई छोटा चम्मच
नमक	: 1 छोटा चम्मच
तलने के लिए तेल/घी	: आवश्यकता के अनुसार

विधि :

1. मूली के पत्तों को धोकर बारीक-बारीक काट लें।
2. पत्तों में नमक लगाकर रखें।
3. मूंग की दाल को साफकर 6-7 घंटे तक भिगो दें। फिर उसका पानी निकालकर दुबारा धोएं तथा हींग, नमक, हरी मिर्च तथा अदरक डालकर पीस लें।
4. शेष मसाले व बारीक कटे प्याज मिलाएं।
5. नमक लगे पत्तों से पानी निचोड़ें।
6. उन पत्तों को दुबारा धोकर दाल-मिश्रण में डालें।
7. तेल गर्म करें व पत्तों को पिट्ठी समेत पकौड़े तल लें।
8. गर्म पकौड़े सॉस या चटनी के साथ खाएं।

अंगूरी पत्तों के पकौड़े

सामग्री :

अंगूर के मध्यम आकार के पत्ते	: 10
बेसन	: 1 कटोरी
बेकिंग पाउडर	: चुटकीभर
पिसा अमचूर	: आधा छोटा चम्मच
लाल मिर्च	: आधा छोटा चम्मच
नमक	: आधा छोटा चम्मच
पिसा अदरक व लहसुन	: आधा छोटा चम्मच
तेल (तलने के लिए)	: आवश्यकता के अनुसार

विधि :

1. पत्तों को अच्छी तरह से धोकर साफ कपड़े से पोंछ लें।
2. बेसन व बेकिंग पाउडर को छानें। फिर उसमें पिसे मसाले डालें।
3. पानी द्वारा गाढ़ा घोल तैयार करें।
4. अदरक व लहसुन का पेस्ट बनाकर उस (घोल) में मिलाएं तथा खूब फेंटें।
5. कड़ाही में तेल गर्म करें व घोल में पत्ता डुबोकर उसमें तलें। (पत्ते बड़े होते हैं। इसलिए एक बार में एक ही पत्ता छोड़ें।)
6. जब सभी पत्तों से पकौड़े तैयार हो जाएं, तो हरी खट्टी चटनी के साथ खाएं।

कतरा टमाटर पकौड़ा

सामग्री :

टमाटर (लाल व सख्त)	*: 4*
घर का बना ताजा पनीर	*: आधी कटोरी*
ताजा बेसन	*: 2 कटोरी*
उबले (मध्यम आकार के) आलू	*: 3*
चौकोर टुकड़ों में कटा हुआ बड़ा प्याज	*: 1*
बारीक पिसी हरी मिर्च	*: 3-4*
बारीक कटा हरा धनिया	*: 1 गुच्छी*
नमक	*: 1 छोटा चम्मच*
बेकिंग पाउडर	*: चौथाई छोटा चम्मच*
चाट मसाला	*: आधा छोटा चम्मच*
तेल (तलने के लिए)	*: आवश्यकता के अनुसार*

विधि :

1. टमाटरों के थोड़े मोटे कतरे काटकर एक बड़ी तश्तरी में फैला लें।
2. उबले आलुओं को मसल लें।
3. उसमें प्याज, पनीर, हरी मिर्च, हरा धनिया, अनार के दाने तथा आधा छोटा चम्मच नमक मिलाकर एकसार करें।
4. बेसन, शेष नमक व बेकिंग पाउडर को छानकर पानी के साथ गाढ़ा घोल तैयार करें।
5. इस घोल में आलू-मिश्रण मिला दें।
6. मिश्रण को टमाटर के कटे कतरों पर थोड़ा-थोड़ा बिछा दें।
7. आंच पर तेल में एक-एक कतरे को अच्छी तरह तलें।
8. मिश्रण वाला मोटा भाग जब तल जाए, तो तेज चाकू या पौनी से क्रॉस कट लगाकर उस भाग को तेल की तरफ करके दुबारा करारा होने तक तलें।
9. तेल से निकालकर ब्राउन पेपर पर (टमाटर वाली तरफ से) रखें, ताकि अतिरिक्त तेल सूख जाए।
10. इन गर्मागर्म पकौड़ों को चटनी अथवा टमाटर सॉस के साथ खाएं व खिलाएं।

भरवां टमाटर पकौड़ा

सामग्री :

मध्यम आकार के सख्त लाल टमाटर	*: 4*
प्याज व पनीर की भुजिया	*: 1 कटोरी*
बारीक कटा अदरक, हरी मिर्च व हरा धनिया	*: चौथाई कटोरी*
किशमिश, काजू व कटे बादाम	*: चौथाई कटोरी*
बेसन	*: 2 कटोरी*
बेकिंग पाउडर	*: चौथाई छोटा चम्मच*
नमक	*: आधा छोटा चम्मच*
लाल मिर्च	*: आधा छोटा चम्मच*
तेल /घी (तलने के लिए)	*: आवश्यकता के अनुसार*

विधि :

1. टमाटरों को धोकर पोंछ लें तथा ऊपरी सिरा काट कर बीच का गूदा अलग कर दें।
2. टमाटरों को उल्टा करके तश्तरी में रखें, ताकि उन (टमाटरों) का सारा पानी निकल जाए।
3. पनीर की भुजिया में अदरक, हरी मिर्च, हरा धनिया, नमक, किशमिश, काजू व बादाम काटकर मिलाएं।
4. खाली टमाटरों में पनीरी मिश्रण भरें। टमाटरों के काटे हुए सिरे उन (टमाटरों) पर रखें।
5. बेसन में नमक, बेकिंग पाउडर व लाल मिर्च डालें।
6. टमाटर के गूदे से बने टमाटर रस तथा पानी के साथ घोल तैयार करें।
7. घोल में भरवां टमाटर लपेटकर, तेल में सीधे ही (ढक्कन या कटा हुआ सिरा ऊपर की ओर करके) तलें।
8. ऊपर से पहले थोड़ा-सा बेसन घोलें और फिर गर्म तेल (चम्मचभर) डालें, ताकि ऊपरी सिरा अच्छी तरह चिपक जाए।
9. गुलाबी व करारे तले टमाटरों को सर्विंग डिश में निकालें व चटनी डालकर उन्हें सर्व करें।

सोयाबीन बड़ी पकौड़ा

विधि :

1. सोयाबीन की बड़ियों को गर्म तेल में तलकर पानी भरे डोंगे में छोड़ते जाएं।
2. जब सारी बड़ियां फूल जाएं, तो उन्हें पानी से बाहर निकाल लें।
3. बेसन में नमक व बेकिंग पाउडर डालकर छानें।
4. बड़ियों वाले पानी में बेसन डालकर घोल तैयार करें।
5. घोल में बारीक कटे प्याज, आलू, हरी मिर्च, धनिया, अनार के दाने, काला मसाला व मिर्च मिलाकर गाढ़ा घोल तैयार करें।
6. फूली हुई बड़ियों को गाढ़े घोल में लपेट-लपेटकर तेल में दोनों ओर से गुलाबी-गुलाबी तलें।
7. तेज पौनी से बीचोबीच काटकर फिर तलें, ताकि वे अंदर तक करारे तल जाएं।
8. गर्मागर्म पकौड़ों को ब्राउन पेपर पर निकालें
9. धनिये व मिर्च की चटनी या टमाटर सॉस के साथ उन्हें खाएं।

सामग्री :

सोयाबीन की बड़ियां	*: 2 प्याले*
ताजा बेसन	*: 2 प्याले*
बड़ा प्याज	*: 1*
हरी मिर्च व बारीक कटा हरा धनिया	*: चौथाई प्याला*
ताजे अनार के दाने	*: चौथाई प्याला*
उबला मसला आलू	*: 1*
नमक	*: आधा छोटा चम्मच*
काला मसाला	*: 1 छोटा चम्मच*
लाल मिर्च	*: आधा छोटा चम्मच*
बेकिंग पाउडर	*: चौथाई छोटा चम्मच*
तेल अथवा घी (तलने के लिए)	*: आवश्यकता के अनुसार*

कन्ने के बॉल पकौड़े

विधि :

1. कन्ने के प्रत्येक पत्ते को अच्छी तरह से अलग-अलग धो लें।
2. बेसन छानें। उसमें अजवायन, काला मसाला, लाल मिर्च व नमक डालकर घोल तैयार करें।
3. पत्तों को बेसन में लपेट-लपेटकर गर्म तेल में गुलाबी होने तक तलें। फिर उन्हें ब्राउन पेपर पर निकालें। जब उनका अतिरिक्त तेल सूख जाए, तो सॉस के साथ उन्हें खाएं।

सामग्री :

कन्ने के पत्ते	*: 15-20*
बेसन	*: 2 प्याले*
काला मसाला	*: 1 छोटा चम्मच*
लाल मिर्च	*: आधा छोटा चम्मच*
नमक	*: आधा छोटा चम्मच*
अजवायन	*: चौथाई छोटा चम्मच*
तेल/घी (तलने के लिए)	*: आवश्यकता के अनुसार*

पान के पकौड़े

सामग्री :

पान के पत्ते	: 10
हरा धनिया	: 1 गुच्छी
बेसन	: 1 कटोरी
हरी मिर्च	: 3-4
अदरक का रस	: 1 छोटा चम्मच
लहसुन का रस	: आधा छोटा चम्मच
अजवायन	: आधा छोटा चम्मच
हींग	: चुटकीभर
लाल मिर्च	: आधा छोटा चम्मच
नमक	: 1 छोटा चम्मच
बेकिंग पाउडर	: चुटकीभर
तेल (तलने के लिए)	: आवश्यकता के अनुसार

विधि :

1. पान के पत्तों को गर्म पानी से धो लें।
2. बेसन में अदरक तथा लहसुन का रस, हरी मिर्च, हरा धनिया व पिसी हींग मिलाएं।
3. अजवायन, नमक व लाल मिर्च मिलाकर पानी द्वारा बेसन का घोल तैयार करें। उसमें बेकिंग पाउडर डालकर मिलाएं।
4. कड़ाही में तेल गर्म करें।
5. प्रत्येक पत्ते को साबूत ही बेसन में लपेटें व गर्म तेल में गुलाबी होने तक तलें। फिर उन्हें बाहर निकालकर ब्राउन पेपर पर रखें। जब उनका अतिरिक्त तेल उस कागज में सूख जाए, तो धनिये व हरी मिर्च की खट्टी चटनी के साथ उन्हें खाएं।

पालक पकौड़ा

सामग्री :

बेसन	: 1 कटोरी
कटा पालक	: 3 कटोरी
नमक	: आधा छोटा चम्मच
अमचूर पाउडर	: आधा छोटा चम्मच
काला मसाला	: आधा छोटा चम्मच
तेल (तलने के लिए)	: आवश्यकता के अनुसार

विधि :

1. पालक को धोकर छलनी में रखें।
2. थोड़ी देर बाद पालक को एक डोंगे में डालें। उसके ऊपर सूखा बेसन, नमक, अमचूर व मसाला डालकर गीले हाथ से मथें।
3. पालक को भुरभुरा कर गर्म तेल में तलें।
4. करारे पालक पकौड़े तश्तरी में निकालें और नीबू का रस डालकर टमाटर सॉस के साथ खाएं।

मिलो-मिल पकौड़ा

विधि :

1. बेसन, नमक, मिर्च, बेकिंग पाउडर व चाट मसाले को पानी में मिलाकर तैयार करें।
2. इस घोल में सारी कटी सब्जियां मिला लें। यदि गीलापन कम लगे, तो थोड़ा पानी और डाल लें।
3. मिलो-मिल को उठा-उठाकर गर्म तेल में छोड़ें।
4. उलटें-पुलटें व करारे पकौड़े उतार-उतारकर तश्तरी में रखें।
5. बीच में काटें। काला मसाला डालें व सॉस अथवा चटनी के साथ खाएं।

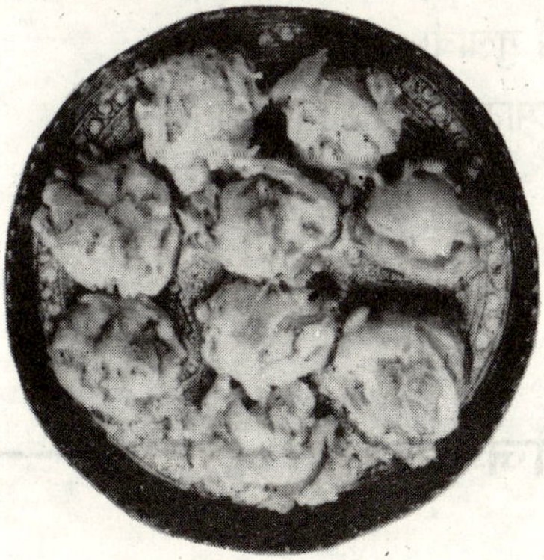

सामग्री :

बारीक कटा हुआ प्याज	*: 1*
फूलगोभी के छोटे-छोटे टुकड़े	*: 1 प्याला*
बारीक कटे हुए आलू	*: 2*
छोटे-छोटे टुकड़ों में कटा हुआ कच्चा केला	*: 1*
भुरभुरा किया हुआ पनीर	*: आधा प्याला*
पालक	*: आधा प्याला*
बारीक कटी हरी मिर्च	*: 3-4*
कद्दूकश की हुई गाजर	*: आधा प्याला*
अंगूर के दाने (छोटे-छोटे कटे टुकड़े)	*: आधा प्याला*
बेसन	*: डेढ़ प्याला*
काला मसाला	*: 1 छोटा चम्मच*
बेकिंग पाउडर	*: आधा छोटा चम्मच*
नमक	*: 1 छोटा चम्मच*
लाल मिर्च	*: आधा छोटा चम्मच*
चाट मसाला	*: आधा छोटा चम्मच*
तेल (तलने के लिए)	*: आवश्यकता के अनुसार*

पनीर भरवां पकौड़ा

सामग्री :

बार के रूप में जमा हुआ पनीर	: 300 ग्राम
मिले-जुले मेवे (तले काजू, बादाम, किशमिश, कद्दूकश किया हुआ नारियल, तला मखाना-दरदरा पीसे हुए	: 1 कटोरी
बेसन	: 3 कटोरी
हरा धनिया व मिर्च (बारीक कटी हुई)	: चौथाई कटोरी
बेकिंग पाउडर	: आधा छोटा चम्मच
नमक	: 1 छोटा चम्मच
तेल (तलने के लिए)	: आवश्यकता के अनुसार
लाल मिर्च	: आधा छोटा चम्मच

विधि :

1. बेसन में नमक व बेकिंग पाउडर मिलाएं तथा पानी डालकर गाढ़ा घोल बनाएं।
2. इस (घोल) में लाल मिर्च, हरी मिर्च व हरा धनिया डालकर मिलाएं।
3. पनीर के चौड़े व मोटे चार स्लाइस काट लें। सभी में बीचोबीच एक-एक चीरा इस प्रकार लगाएं कि एक किनारे से पनीर जुड़ा रहे।
4. मिले-जुले मेवे बीचोबीच भरें व खुला मुंह टूथ पिक लगाकर बंद करें।
5. मेवे से भरे प्रत्येक पकौड़े को बेसन में लपेटकर तेल में गुलाबी-गुलाबी तल लें।
6. टमाटर सॉस के साथ सर्व करें।

चीज पकौड़ा

सामग्री :

मैदा	: 1 बड़ा चम्मच
चीज पाउडर	: 2 बड़े चम्मच
बेकिंग पाउडर	: चुटकीभर
नमक	: आधा छोटा चम्मच
काली मिर्च	: चुटकीभर
दूध	: आवश्यकता के अनुसार
तेल (तलने के लिए)	: आवश्यकता के अनुसार

विधि :

1. मैदा, नमक व बेकिंग पाउडर को मिलाकर छानें।
2. काली मिर्च व चीज पाउडर मिलाएं तथा धीरे-धीरे दूध डालकर हाथ में उठने लायक घोल तैयार करें।
3. चम्मच से उठा-उठाकर घोल को तेल में गुलाबी-गुलाबी तलें।
4. तश्तरी में निकालकर टमाटर सॉस के साथ खाएं व खिलाएं।

ब्रेड-पनीर पकौड़ा

विधि :

1. प्रत्येक स्लाइस ब्रेड के किनारे को काट लें।
2. बेसन व बेकिंग पाउडर को छानें तथा लाल मिर्च मिलाकर गाढ़ा घोल बनाएं।
3. स्लाइस ब्रेड के ही आकार के बराबर पनीर के पतले कतरे काट लें।
4. स्लाइस ब्रेड के ऊपर पतला कतरा रखें। बीचोबीच चाकू द्वारा दोनों को काटें।
5. बीच में चाट मसाला बुरकें व कटे भाग से मोड़कर सैंडविच जैसा बना लें।
6. धीरे से उठाकर बेसन में लपेटें व तेल में करारा तल लें।
7. उन्हें निकाल-निकालकर ब्राउन पेपर पर रखें। फिर खट्टी-मीठी चटनी के साथ उन्हें खाएं व खिलाएं।

सामग्री :

बेसन	: *ढाई कटोरी*
बेकिंग पाउडर	: *आधा छोटा चम्मच*
नमक	: *1 छोटा चम्मच*
लाल मिर्च	: *आधा छोटा चम्मच*
स्लाइस ब्रेड	: *8*
पनीर	: *300 ग्राम*
चाट मसाला	: *2 छोटे चम्मच*
तेल (तलने के लिए)	: *आवश्यकता के अनुसार*

भरवां ब्रेड पकौड़ा

विधि :

1. पनीर, प्याज व टमाटर की अथवा प्याज, मटर व न्यूट्री कीमे की भुजिया बना लें।
2. अंगूर के कटे दाने, हरी मिर्च और हरा धनिया भुजिया में अच्छी तरह से मिला लें।
3. पिसी दाल में नमक व लाल मिर्च मिलाएं।
4. दो ब्रेड स्लाइस के बीच में भुजिया मिश्रण भर कर चाकू से तिरछा काटें।
5. तेल कड़ाही में डालकर गर्म करें।
6. भुजिया सैंडविच को दाल में अच्छी तरह से लपेटें व घी में गुलाबी-गुलाबी तल लें। फिर उन्हें धनिये-मिर्च की चटनी, इमली की सोंठ अथवा टमाटर के सॉस के साथ खाएं।

सामग्री :

स्लाइस ब्रेड	: *4*
पनीर भुजिया अथवा न्यूट्री भुजिया	: *1 कटोरी*
पिसी मूंग (धुली) दाल	: *1 कटोरी*
नमक	: *आधा छोटा चम्मच*
लाल मिर्च	: *आधा छोटा चम्मच*
हरा धनिया व हरी मिर्च (बारीक कटी)	: *चौथाई कटोरी*
अंगूर के दाने (कटे हुए)	: *चौथाई कटोरी*
तेल / घी (तलने के लिए)	: *आवश्यकता के अनुसार*

भरवां मशरूम पकौड़ा

सामग्री :

ताजे व बड़े सफेद मशरूम	*: 250 ग्राम*
बारीक कटा बड़ा प्याज	*: 1*
मसला हुआ ताजा पनीर	*: 1 कटोरी*
बारीक कटा बड़ा टमाटर	*: 1*
बारीक कटी हरी मिर्च व हरा धनिया	*: आधी कटोरी*
नमक	*: डेढ़ छोटा चम्मच*
काली मिर्च	*: चौथाई छोटा चम्मच*
बेसन	*: 3 कटोरी*
डबलरोटी के स्लाइस	*: 3*
बेकिंग पाउडर	*: चुटकीभर*
तेल (तलने के लिए)	*: आवश्यकता के अनुसार*

विधि :

1. बेसन छानें व नमक डालकर घोल तैयार करें।
2. स्लाइस के किनारे काटकर मसलें व बेसन के घोल में मिलाकर बेकिंग पाउडर डालें।
3. मशरूमों को धोकर उनकी डंडी थोड़े सिरे के साथ काट लें व अंदर से धीरे से खुरच कर खाली करें।
4. छोटे चम्मच तेल में पहले बारीक काटा प्याज और फिर टमाटर इतना भूनें कि पानी खत्म हो जाए।
5. पनीर डालकर मिलाएं। फिर ठंडा करें।
6. पनीर-मिश्रण में नमक, काली मिर्च, हरी मिर्च व हरा धनिया मिलाएं।
7. खाली भाग में मिश्रण भरें, कटे भाग को उसके ऊपर रखें तथा गाढ़े घोल में लपेट-लपेटकर तलें।
8. आंच बहुत तेज न रखें, अन्यथा मशरूम थोड़े कच्चे रह जाएंगे।
9. गुलाबी-गुलाबी मशरूम पकौड़े टमाटर सॉस के साथ खाएं।

पके क़ेले के पकौड़े

विधि :

1. छीले केलों को लंबवत काटकर आधा करें।
2. केलों से 2-3 कतरे निकालें।
3. प्रत्येक कतरे पर चीनी, नीबू का रस, चाट मसाला तथा नमक लगाएं व 5 मिनट तक रखे रहें।
4. नमक व लाल मिर्च डालकर मैदे का घोल तैयार करें।
5. केले के कतरे मैदे के घोल में लपेट-लपेट कर तेल में करारे -करारे तलें और निकालकर सॉस के साथ तुरत सर्व करें।

सामग्री :

पके केले : 6
चाट मसाला : 1 छोटा चम्मच
नीबू : 2
बेकिंग पाउडर : चुटकीभर
पिसी चीनी : 2 चम्मच
घुला मैदा : 1 कटोरी
नमक : आधा छोटा चम्मच
लाल मिर्च : आधा छोटा चम्मच
तेल (तलने के लिए) : आवश्यकता के अनुसार

भुट्टे के पकौड़े

विधि :

1. भुट्टे के कच्चे दूधिया दाने निकाल लें।
2. बेसन में नमक, लाल मिर्च व बेकिंग पाउडर मिलाकर गाढ़ा घोल तैयार करें।
3. इस घोल में हरी मिर्च, हरा धनिया, उबला व मसला आलू तथा भुट्टे के दरदरे दाने मिलाएं।
4. कुल मिश्रण से चम्मच भर-भरकर पकौड़े गर्म तेल में करारे तलें।
5. उन्हें हरी चटनी के साथ खाएं।

सामग्री :

कच्चे दानों वाले भुट्टे : 3
मध्यम आकार के आलू (उबले हुए) : 2
बारीक कटी हरी मिर्च : 3-4
बारीक कटा हरा धनिया : आधी गुच्छी
प्याज (बारीक कटा हुआ) : 1
बेकिंग पाउडर : चुटकीभर
बेसन : डेढ़ कटोरी
नमक : 1 छोटा चम्मच
लाल मिर्च : आधा छोटा चम्मच
तेल (तलने के लिए) : आवश्यकता के अनुसार

जिमीकंद सैंडविच पकौड़ा

सामग्री :

जिमीकंद	: *आधा किलो*
पनीर (चौड़ा जमा हुआ)	: *250 ग्राम*
मैदा	: *1 कटोरी*
मलाई	: *1 बड़ा चम्मच*
भुनी-तली दरदरी मूंगफली, मखाना व हरी मिर्च	: *1 कटोरी*
नमक	: *1 छोटा चम्मच*
अमचूर	: *1 छोटा चम्मच*
काली मिर्च	: *आधा छोटा चम्मच*
तेल (तलने के लिए)	: *आवश्यकता के अनुसार*

विधि :

1. मनचाहे आकार में जिमीकंद के पतले-पतले टुकड़े एक समान काट लें।
2. कुकर में पानी रखकर अमचूर तथा चौथाई छोटा चम्मच नमक डालें तथा सारे टुकड़ों को भाप से गला लें।
3. पानी से निकालकर टुकड़ों को कागज अथवा तौलिए पर रखें व सुखा लें।
4. पनीर स्लैब से भी ठीक उसी आकार के टुकड़े निकालें।
5. मलाई में नमक, काली मिर्च, मूंगफली, मखाना व हरी मिर्च मिलाएं।
6. मैदे को पानी में घोलकर गाढ़ा घोल तैयार करें।
7. पनीर के दो टुकड़ों के बीच मलाई-मिश्रण भरें तथा पनीर के टुकड़ों के ऊपर व नीचे एक-एक जिमीकंद टुकड़ा लगाएं।
8. मैदा घोल में पूरा सैंडविच लपेटकर पकौड़ा तलें। फिर सॉस या चटनी के साथ खाएं।

सूखे बेसन के पकौड़े

विधि :

1. बेसन छानें। उसमें नमक व सारे मसाले मिलाएं।
2. आलू धो लें व उनमें मूंगफली मिलाएं।
3. पानी के छींटे दे-देकर बेसन मसाले को आलुओं व मूंगफली पर चिपका लें।
4. हाथ से उठा-उठाकर आलू व मूंगफली को धीमी आंच पर तेल में छोड़ें तथा चला-चलाकर गलाएं।
5. गर्म-गर्म पकौड़े ब्राउन पेपर पर निकालते जाएं। फिर उन्हें हरे धनिया की चटनी या सॉस के साथ सर्व करें।

सामग्री :

आलू (बारीक टुकड़ों में कटे)	*: 5*
मूंगफली (भुनी व छिलका उतरी)	*: 1 कटोरी*
बेसन	*: आधी कटोरी*
अमचूर	*: 1 छोटा चम्मच*
लाल मिर्च	*: 1 छोटा चम्मच*
काला मसाला	*: 1 छोटा चम्मच*
चाट मसाला	*: 1 छोटा चम्मच*
नमक	*: तीन चौथाई छोटा चम्मच*
तेल (तलने के लिए)	*: आवश्यकता के अनुसार*

बैगन पकौड़ा

विधि :

1. बैगन के कतरों को पानी में रखें।
2. चावल के आटे में नमक, लाल मिर्च, चाट मसाला व अजवायन मिलाएं।
3. बैगन के कतरों को चावल के आटे के घोल में डुबो-डुबो कर तेल में गुलाबी-गुलाबी तल लें। फिर नीबू का रस व काला मसाला डालकर हरी खट्टी चटनी के साथ खाएं।

सामग्री :

गोल अथवा लंबे बैगन के कतरे	*: 8-10*
भीगे चावल का आटा	*: डेढ़ कटोरी*
नमक	*: 1 छोटा चम्मच*
लाल मिर्च	*: आधा छोटा चम्मच*
चाट मसाला	*: 1 छोटा चम्मच*
नीबू	*: 1*
काला मसाला	*: 1 छोटा चम्मच*
अजवायन	*: चौथाई छोटा चम्मच*
तेल (तलने के लिए)	*: आवश्यकता के अनुसार*

फूलगोभी महाराजा पकौड़ा

सामग्री :

बड़ी फूलगोभी	*: 1*
कद्दूकश किया हुआ पनीर	*: 1 कटोरी*
बेसन	*: 2 कटोरी*
नमक	*: आधा छोटा चम्मच*
लाल मिर्च	*: आधा छोटा चम्मच*
बेकिंग पाउडर	*: चौथाई छोटा चम्मच*
तेल (तलने के लिए)	*: आवश्यकता के अनुसार*

विधि :

1. फूलगोभी से केवल छोटी डंडी वाले फूल काटें।
2. उन्हें अच्छी तरह धोएं।
3. बेसन में नमक, बेकिंग पाउडर, लाल मिर्च तथा कद्दूकश किया हुआ पनीर मिलाएं।
4. फूलों को चीज बेसन के मिश्रण में लपेटकर तेल में तलें।
5. तलते समय फूलों वाले भाग पर पौनी से दबाकर कट लगाएं। इससे फूल बीच से अच्छी तरह व करारा सिंक जाएंगे।
6. गर्मागर्म महाराजा पकौड़ा टमाटर सॉस, मूंगरे, धनिये तथा हरी मिर्च की चटनी के साथ खाएं।

भरवां अंडा पकौड़ा

सामग्री :

अंडे (उबले हुए)	*: 6*
बारीक टुकड़ों में कटा हुआ बड़ा प्याज	*: 1*
बारीक टुकड़ों में कटा हुआ बड़ा टमाटर	*: 1*
पनीर	*: आधा प्याला*
बेसन	*: 1 प्याला*
बेकिंग पाउडर	*: चुटकीभर*
नमक	*: 1 छोटा चम्मच*
काली मिर्च	*: आधा छोटा चम्मच*
बारीक कटी हरी मिर्च	*: 3-4*
तेल	*: आवश्यकता के अनुसार*

विधि :

1. प्याज को एक बड़े चम्मच तेल में गुलाबी भून लें।
2. कटा टमाटर डालें व पानी सूखने तक भूनें।
3. पनीर व हरी मिर्च मसलकर डालें व भूनें। यदि तेल अधिक हो, तो पैन टेढ़ा करके तेल भुजिया से अलग करें।
4. नमक व काली मिर्च मिलाएं।
5. उबले अंडे के चौड़े भाग से तीन लंबे चीरे लगाएं व पनीर भुजिया भरें।
6. बेसन छानें व उसमें नमक, काली मिर्च तथा बेकिंग पाउडर मिलाकर थोड़े पानी के संग गाढ़ा घोल बनाएं।
7. भरे अंडों को गाढ़े बेसन में लपेटें व गर्म तेल में बादामी रंग आने तक तलें।
8. गर्मागर्म पकौड़े सॉस के साथ खाएं।

लच्छेदार दही पकौड़ी

सामग्री :

उड़द की धुली दाल	*: 250 ग्राम*
मूंग की धुली दाल	*: 250 ग्राम*
मिर्चदार करारा, आलू लच्छा	*: डेढ़ कटोरी*
अदरक	*: 1 इंच का टुकड़ा*
हरी मिर्च	*: चौथाई कटोरी*
नमक	*: डेढ़ छोटा चम्मच*
लाल मिर्च	*: 1 छोटा चम्मच*
पीली मिर्च	*: 1 छोटा चम्मच*
भुना-पिसा जीरा	*: आधा छोटा चम्मच*
गाढ़ा फेंटा हुआ दही (हल्का मीठा)	*: आवश्यकता के अनुसार*
इमली की मीठी सोंठ	*: आवश्यकता के अनुसार*
हरा धनिया या हरी मिर्च की खट्टी चटनी	*: आवश्यकता के अनुसार*

विधि :

1. दोनों दालों को अच्छी तरह साफकर रातभर एक साथ भिगो दें।
2. सवेरे उसका पानी निकालकर सिल अथवा मिक्सी द्वारा नमक, मिर्च व हींग के साथ उन दालों को पीस लें।
3. पिसी दाल में अदरक व हरी मिर्च मिलाएं (ऐच्छिक)।
4. दाल को खूब फेंटें व गीले हाथ से दाल उठा-उठा कर गोल-गोल पकौड़ी तेल में तलें।
5. जब वे गुलाबी-गुलाबी तल जाएं, तो पानी से भरे पतीले में उन्हें डालते जाएं।
6. जब सारी पकौड़ियां आकार में बड़ी हो जाएं, तो हल्के हाथ से दबा-दबा कर उनका पानी निकाल लें।
7. दही में नमक मिलाएं व पकौड़ियां दही में डुबो दें।
8. डोंगे अथवा तश्तरी में उन्हें हल्के हाथों से उठा-उठाकर रखें।
9. ऊपर से दही, नमक, दोनों प्रकार की मिर्चें, काला मसाला व जीरा डालें।
10. यदि पकौड़ी तलते समय अदरक व कटी हरी मिर्च नहीं मिलाई हो, तो तैयार दही पकौड़ी में ऊपर से बुरकें।
11. आलू का चटपटा लच्छा डालकर खट्टी-मीठी चटनियों के साथ खाएं।

नोट: इन पकौड़ियों को हल्के नमक, मिर्च तथा आलू के लच्छे के साथ भी परोसा जा सकता है। उसका स्वाद एकदम अलग व दिलकश लगेगा।

ब्रेड पकौड़ा

सामग्री :

स्लाइस ब्रेड	: 4
बेसन	: 1 कटोरी
बेकिंग पाउडर	: चुटकीभर
नमक	: चौथाई छोटा चम्मच
लाल मिर्च	: चौथाई छोटा चम्मच
काला मसाला पिसा	: चौथाई छोटा चम्मच
अनारदाना	: आधा छोटा चम्मच
हरे धनिये व हरी मिर्च की खट्टी चटनी	: आधा छोटा चम्मच
तेल (तलने के लिए)	: आवश्यकता के अनुसार

विधि :

1. बेसन में नमक व बेकिंग पाउडर डालकर छानें।
2. लाल मिर्च, काला मसाला, अनारदाना, खट्टी चटनी तथा पानी के साथ गाढ़ा घोल तैयार करें।
3. ब्रेड स्लाइसों को बेसनी घोल में लपेट-लपेट कर तेल में गुलाबी होने तक तल लें।
4. बाहर निकालकर ब्राउन पेपर पर रखें।
5. तिरछा काटें व टमाटर सॉस की पतली परत बिछा कर एक के ऊपर एक रखें। फिर सर्व करें।

नोट : ब्रेड को बेसन के बजाय मूंग की धुली पिसी दाल में लपेट कर भी तला जा सकता है।

प्याज के रिंग्स

सामग्री :

बड़े प्याज	: 4
बेसन	: 2 कटोरी
हरी मिर्च	: 3-4
बेकिंग पाउडर	: चौथाई छोटा चम्मच
नमक	: आधा छोटा चम्मच
भुनी मूंगफली	: 1 बड़ा चम्मच
तेल (तलने के लिए)	: आवश्यकता के अनुसार

विधि :

1. प्याज छीलें तथा उसके गोल-गोल रिंग्स काट लें।
2. बेसन में बेकिंग पाउडर व नमक को मिलाकर छान लें।
3. मूंगफली व मिर्च को बारीक पीसकर पानी के साथ घोल तैयार करें।
4. कड़ाही में तेल गर्म करें।
5. प्याज के छल्लों को बेसन में लपेट-लपेट कर गर्म घी में गुलाबी रंग व करारे होने तक तलें।
6. उन्हें भूरे कागज पर तेल सोखने के लिए रखें।
7. उन पर चाट मसाला या काला मसाला बुरकें।
8. नीबू का रस डालकर गर्म चाय या कॉफी के साथ सर्व करें।

आलू-मटर टेस्टी पकौड़ा

सामग्री :

ताजा हरा मटर	:	*1 कटोरी*
मध्यम आकार के आलू	:	*4*
कद्दूकश किया हुआ नारियल	:	*आधी कटोरी*
डबल रोटी	:	*8 स्लाइस*
बेसन	:	*आधी कटोरी*
हरी मिर्च व बारीक कटा हरा धनिया	:	*चौथाई कटोरी*
छोटा प्याज (ऐच्छिक)	:	*1*
मखाने (तले व कुटे)	:	*आधी कटोरी*
नमक	:	*आधा छोटा चम्मच*
लाल मिर्च	:	*चौथाई छोटा चम्मच*
तेल या घी (तलने के लिए)	:	*आवश्यकता के अनुसार*

विधि :

1. आलू छीलें व मसलें।
2. मटर, मखाने, लाल मिर्च, कटे प्याज, नारियल व आधा चम्मच नमक मिलाएं तथा आलू-मिश्रण मथ कर तैयार करें।
3. किसी गोल कटोरी से प्रत्येक ब्रेड स्लाइस के गोल-गोल रिंग्स काट लें।
4. रिंग्स को प्लेट में फैलाएं।
5. प्रत्येक रिंग पर आलू मिश्रण को अच्छी तरह से दबाकर चिपकाएं।
6. बेसन व नमक मिलाकर घोल बनाएं।
7. तेल गर्म करें।
8. प्रत्येक तैयार रिंग को बेसन में डुबो कर तेल में दोनों ओर से अच्छी तरह उन्हें निकालकर ब्रेड की ओर से ब्राउन पेपर पर रखें।
9. इस स्वादिष्ट पकौड़े को सॉस या चटनी के साथ खाएं।

शाही केला करारा

सामग्री :

कच्चे केले	*: 3*
मैदा	*: आधा प्याला*
अंडे	*: 2*
दूध	*: 2 बड़े चम्मच*
नमक	*: आधा छोटा चम्मच*
काली मिर्च	*: चौथाई छोटा चम्मच*
तेल (तलने के लिए)	*: आवश्यकता के अनुसार*

विधि :

1. कच्चे केलों को नमक के पानी में थोड़ा सख्त उबाल लें।
2. छिलका उतारें व दो भागों में काटें। फिर उनसे कतरे काटें।
3. अंडे का पीला व सफेद भाग अलग-अलग करें।
4. पीले भाग में दूध डालकर खूब फेंटें। फिर धीरे-धीरे मैदा डालकर फेंटें व मिलाएं।
5. अंडे की सफेदी को झागदार मुलायम सफेद क्रीम की तरह फेंटें व मैदे के घोल में हल्के हाथों से मिलाएं।
6. तैयार घोल में केले के कतरे डुबो-डुबोकर तेल में सुनहरा भूरा रंग आने तक तलें व ब्राउन पेपर पर निकालते जाएं। फिर सॉस या चटनी के साथ सर्व करें।

मोटी हरी मिर्च का पकौड़ा

सामग्री :

मोटी हरी मिर्च	*5-6*
सूखा अनारदाना	*चौथाई कटोरी*
बेसन	*ढाई कटोरी*
उबले (मध्यम आकार के) आलू	*5*
प्याज	*3*
हरा धनिया व अदरक (बारीक टुकड़ों में कटा हुआ)	*आधी कटोरी*
बेकिंग पाउडर	*आधा छोटा चम्मच*
तेल/घी (तलने के लिए)	*आवश्यकता के अनुसार*
चाट मसाला	*1 छोटा चम्मच*
काला मसाला	*1 छोटा चम्मच*
नमक	*डेढ़ छोटा चम्मच*
नीबू	*2*

विधि :

1. प्याज को बारीक चौकोर टुकड़ों में काटें।
2. उबले आलुओं को छीलें।
3. उनमें कटे प्याज, हरा धनिया, अदरक व अनारदाना मिलाएं तथा नमक डालकर मथ लें।
4. बेसन में नमक तथा बेकिंग पाउडर डालें।
5. पानी डालकर उसका गाढ़ा घोल बनाएं।
6. हरी मिर्चों को धोकर उसमें लंबाई में चीरा लगाएं।
7. प्रत्येक मिर्च में आलू मिश्रण भरें। यदि मिश्रण बच जाए, तो उसे बेसन के घोल में मिला दें।
8. कड़ाही में तेल गर्म करें।
9. भरी हुई मिर्चों को बेसन घोल में लपेट-लपेट कर तेल में करारी तल लें।
10. अब प्रत्येक मिर्च में क्रॉस कट लगाएं। फिर चाट मसाला व काला मसाला बुरकें तथा नीबू का रस डालें।
11. चटपटी मजेदार मिर्चों की ये पकौड़ियां हरी खट्टी चटनी के साथ खाएं व खिलाएं।

सैंडविच

अंडे का कलब सैंडविच

सामग्री :

कतरों में कटा बड़ा खीरा	*: 1*
बड़ा टमाटर (गोल कतरों में कटा)	*: 1*
कतरों में कटा उबला अंडा	*: 1*
अंडे का आमलेट (प्याज वाला)	*: 1*
स्लाइस चीज	*: 1*
बारीक कटी बंदगोभी	*: आधा प्याला*
मक्खन	*: आधा प्याला*
चीज स्प्रेड	*: आधा प्याला*
नमक	*: 1 छोटा चम्मच*
काली मिर्च	*: 1 छोटा चम्मच*
टमाटर सॉस	*: 1 बड़ा चम्मच*
हरी चटनी	*: 1 बड़ा चम्मच*
स्लाइस ब्रेड	*: 8*

विधि :

1. स्लाइस में थोड़ा मक्खन लगाएं।
2. उसके ऊपर खीरे के कतरे रखें।
3. नमक व काली मिर्च बुरकें तथा एक दूसरा स्लाइस उसके ऊपर रखें।
4. दूसरे स्लाइस पर हल्की-सी चीज लगाएं।
5. उसके ऊपर आमलेट रखकर नमक व काली मिर्च बुरकें तथा एक तीसरा स्लाइस ऊपर रखें।
6. तीसरे स्लाइस पर टमाटर सॉस और फिर उसके ऊपर बारीक पत्तागोभी फैलाएं।
7. नमक व काली मिर्च बुरकें तथा चौथा स्लाइस ऊपर रखें।
8. चौथे स्लाइस पर हरी चटनी फैलाएं तथा उसके ऊपर चीज स्लाइस रखें।
9. उसके ऊपर पांचवां स्लाइस रखें। इस स्लाइस पर चीज स्प्रेड लगाएं तथा टमाटर के कतरे रखें।
10. उस पर नमक व काली मिर्च बुरकें। उसके ऊपर दोनों ओर मक्खन लगा स्लाइस (छठा) रखें।
11. मक्खन स्लाइस पर अंडे कतरे लगाएं तथा नमक व काली मिर्च बुरकें।
12. सातवें स्लाइस की एक ओर खूब ज्यादा चीज लगाएं व उसे उल्टा करके अंडों पर रखें।
13. एक गीले मोटे रूमाल में इस पूरे सैंडविच को लपेटें व थोड़ा-सा दबा दें।

नोट : इसके लिए सैंडविच ब्रेड ही इस्तेमाल करें। उसके अभाव में साधारण ब्रेड का किनारा निकाल दें।

सर सब्ज सैंडविच

सामग्री :

बड़े टमाटर	*: 2*
पत्तागोभी (बारीक कसी)	*: 1 प्याला*
नमक व काली मिर्च	*: आधा छोटा चम्मच*
चीज स्प्रेड (गारलिक)	*: 2 बड़े चम्मच*
ब्रेड स्लाइस	*: 4*

विधि :

1. टमाटरों को फ्रीजर में कड़ा कर लें।
2. चारों स्लाइसों पर चीज स्प्रेड लगाएं।
3. दो स्लाइस तश्तरी में रखें व उन पर नमक तथा काली मिर्च बुरकें।
4. कसी पत्तागोभी बिछाएं।
5. टमाटरों के कतरे लगाएं।
6. शेष बचे चीज को स्प्रेड लगे स्लाइस से ढककर दबा दें।
7. टिन फॉइल में लपेट कर रखें।

पनीर हॉट सैंडविच

सामग्री :

पनीर (ताजा मसला)	*: 1 प्याला*
नमक व काली मिर्च	*: आधा छोटा चम्मच*
हरी मिर्च (बारीक कटी)	*: 2-3*
ब्रेड स्लाइस	*: 4*
किशमिश	*: 6-7*
मक्खन	*: 1 बड़ा चम्मच*
हरा धनिया (बारीक कटा)	*: 1 बड़ा चम्मच*

विधि :

1. मसले पनीर में हरी मिर्च, हरा धनिया, नमक तथा काली मिर्च मिलाएं।
2. गैस अथवा बिजली के सैंडविच मेकर को मक्खन लगाकर चिकना करें।
3. कटोरे में पानी लें। स्लाइस को जल्दी से डिप कर के बाहर निकालें।
4. बिना स्लाइस को तोड़े हाथ से दबाकर सारा पानी निकालें। इसी प्रकार शेष तीनों स्लाइस भी पानी में डुबोकर निकालें और दबाकर निचोड़ें।
5. एक स्लाइस को मेकर में रखें। उस पर थोड़ा-सा मक्खन लगाएं व पनीर मिश्रण भरें।
6. दूसरे स्लाइस के एक ओर मक्खन लगाएं व मक्खन वाली तरफ पनीर पर रखकर मेकर बंद करें।
7. शानदार पनीर हॉट सैंडविच टमाटर की सॉस के साथ खाएं व खिलाएं।

खीरे व चीज के सैंडविच

सामग्री :

बड़ा खीरा : 1
ब्रेड स्लाइस : 4
बारीक स्लेब चीज : 2
नमक व काली मिर्च : आधा छोटा चम्मच
हरा धनिया (कटा) : 1 बड़ा चम्मच

विधि :

1. खीरे का छिलका उतारें व लंबे-चौड़े कतरे काट लें।
2. ब्रेड के चारों स्लाइस पर मक्खन लगाएं।
3. तश्तरी में दो स्लाइस रखें। उनके ऊपर चीज रखें।
4. धनिये की पत्तियां बुरकें व खीरे के कतरों से ढक दें।
5. काली मिर्च व नमक बुरकें। शेष दो को मक्खन लगे स्लाइस से ढक दें।
6. दबाकर फॉइल में लपेटें।
7. मनचाहे आकार में काटें व परोसें।

कलर सैंडविच

सामग्री :

स्लाइस ब्रेड : 6
कसी पत्तागोभी : आधा प्याला
बड़ा टमाटर (गोल कतरों में कटा) : 1
बड़ा खीरा (लंबे कतरों में कटा) : 1
पूरा स्लाइस चीज : 1
मक्खन मिला उबला आलू : आधी कटोरी
चीज स्प्रेड : 1 बड़ा चम्मच
मक्खन : 1 बड़ा चम्मच
नमक व काली मिर्च : 1 छोटा चम्मच
बारीक कटी हरी मिर्च : 1 छोटा चम्मच

विधि :

1. स्लाइस पर चीज स्प्रेड लगाएं, काली मिर्च बुरकें तथा पत्तागोभी फैलाएं।
2. इस पर दूसरा स्लाइस रखें। उस पर मक्खन लगाएं तथा नमक व काली मिर्च बुरकें।
3. खीरे के कतरे लगाएं।
4. खीरों के ऊपर तीसरा स्लाइस रखें। उस पर मक्खन लगाएं, मक्खन मिलाएं, उबले आलू में हरी मिर्च मिलाकर रखें व नमक बुरकें।
5. आलू के ऊपर चौथा स्लाइस रखें व उसके ऊपर मक्खन लगाकर चीज टुकड़ा अथवा स्लाइस रखें।
6. चीज स्लाइस पर पांचवां स्लाइस चीज स्प्रेड लगा कर रखें व टमाटर कतरा बिछाएं। स्लाइस पर चीज स्प्रेड लगाकर टमाटरों के ऊपर चीज लगे भाग की ओर से रखें। दबाकर तौलिए में बांधें।

फ्रूटी सैंडविच

सामग्री :

केले (मैश किए हुए)	*: 2*
आम का गूदा	*: आधा प्याला*
गाढ़ी मलाई	*: 1 बड़ा चम्मच*
पिसी चीनी	*: 1 बड़ा चम्मच*
नीबू	*: आधा*
ब्रेड स्लाइस	*: 4*

विधि :

1. मैश किए केलों में चौथाई बड़ा चम्मच चीनी व नीबू का रस मिलाएं।
2. दो स्लाइसों को तश्तरी में फैलाकर रखें।
3. दोनों के ऊपर आधी मलाई की परत लगाएं।
4. एक के ऊपर मैश किया हुआ केला व दूसरे के ऊपर आम का गूदा फैलाएं।
5. दोनों के ऊपर पिसी चीनी बुरकें।
6. दो बचे स्लाइसों पर शेष मलाई लगाकर उन्हें (मलाई की तरफ से) आम व केले वाले स्लाइस पर रखें तथा हल्का-सा दबा दें।
7. दोनों सैंडविच को तिकोना काटें व आम के साथ केला मिक्स लगाकर तुरत पेश करें।

व्हील सैंडविच

सामग्री :

टमाटर सॉस	*: 1 बड़ा चम्मच*
हरी चटनी	*: 1 बड़ा चम्मच*
चीज स्प्रेड	*: 1 बड़ा चम्मच*
नमक व काली मिर्च	*: आधा चम्मच*
ब्रेड स्लाइस	*: 4*

विधि :

1. स्लाइस ब्रेड को पानी में डुबो कर निकालें।
2. हाथ से दबाकर उनका पानी पूरी तरह निकाल दें।
3. टेबल पर ब्रेड रखें व बेलन से बेलें। वह पतली हो कर बिल जाएगी।
4. एक के बाद एक स्लाइस थोड़ा-थोड़ा एक-दूसरे पर चढ़ाकर बेलें व लंबी रोटी बना लें।
5. एक स्लाइस पर सॉस, दूसरे पर चटनी, तीसरे पर स्प्रेड व चौथे पर तीनों को मिलाकर लगाएं।
6. एक ओर से स्लाइस को रोल करें व लगातार चारों स्लाइस को रोल कर ब्रेड रोल तैयार करें।
7. अंतिम स्लाइस को अच्छी तरह से दबाकर चिपका दें।
8. तेज चाकू से छल्ले काटें और सर्व करें।

हॉट पॉट सैंडविच

सामग्री :

स्लाइस ब्रेड : 4
पनीर / बटर : 1 बड़ा चम्मच
उबले आलू (मसले हुए) : 2
छोटा प्याज (बारीक कटा हुआ) : 1
हरी मिर्च (बारीक कटी हुई) : 2
कच्चा ताजा मटर : चौथाई प्याला
नमक : डेढ़ छोटा चम्मच
लाल मिर्च : चौथाई छोटा चम्मच
मक्खन : 1 छोटा चम्मच

विधि :

1. उबले आलुओं में प्याज, हरी मिर्च, नमक, मटर, लाल मिर्च व पनीर / बटर मिलाकर सबको एकसार करें।
2. ब्रेड के एक तरफ मक्खन लगाएं। फिर उस पर तैयार मिश्रण लगाएं।
3. दूसरे स्लाइस के एक ओर भी मक्खन लगाएं, मक्खन वाली तरफ आलू पर रखें व टोस्टर में रोस्ट करें। उसे सॉस व चटनी के साथ खाएं।

जैमब्रो सैंडविच

सामग्री :

कोई भी जैम : 2 बड़े चम्मच
गाढ़ी मलाई : 2 बड़े चम्मच
स्लाइस ब्रेड : 4
मक्खन : 1 बड़ा चम्मच
दूध : 1 प्याला
बारीक कटे काजू व बादाम : चौथाई प्याला
पिसी चीनी : 1 छोटा चम्मच

विधि :

1. गाढ़ी मलाई में पिसी चीनी मिला लें।
2. खूब फेंट कर फ्रीज में ठंडी करें।
3. चारों स्लाइस के ऊपर दोनों ओर अच्छी तरह से मक्खन लगाएं।
4. डोंगे में ठंडा दूध लें व चारों स्लाइस उसमें डुबोकर तश्तरी में रखें।
5. दूध भीगे 2 स्लाइस पर मीठी जमी मलाई की परत लगाएं।
6. उस पर जैम की परत लगाएं। फिर मलाई रखें।
7. काजू व बादाम बुरकें। फिर स्लाइस रखकर फ्रीज में ठंडा करने के लिए रखें।
8. ठंडे स्लाइसों से ठंडे सैंडविच बनाएं व खाएं।

पाइनऐपल क्रीम सैंडविच

विधि :

1. क्रीम में पाइनऐपल रस व चीनी डालकर उसे खूब गाढ़ा फेंट लें।
2. उसे फ्रीज में रखकर खूब ठंडा कर लें।
3. पाइनऐपल स्लाइस को बारीक काटें व नीबू का रस डालकर फ्रीज में रखें।
4. जब खाना हो, तभी गाढ़ी ठंडी क्रीम निकालें।
5. दो स्लाइस पर क्रीम लगाएं।
6. पाइनऐपल पीस बुरकें व अन्य दो स्लाइस पर भी क्रीम लगाकर क्रीम वाली तरफ से स्लाइस रखें।
7. हाथ से हल्का-सा दबा दें व तिकोने काटकर क्रीम सैंडविच पेश करें।

सामग्री :

स्लाइस सैंडविच ब्रेड	*: 4*
गाढ़ी क्रीम	*: आधा प्याला*
पिसी चीनी	*: 1 बड़ा चम्मच*
स्वीट पाइनऐपल	*: 3 स्लाइस*
पाइनऐपल का रस	*: 2 बड़े चम्मच*
नीबू का रस	*: 1 छोटा चम्मच*

नूडल्स सैंडविच

विधि :

1. आधा प्याला मैदा घोल में चीज स्प्रेड व गारलिक सॉल्ट मिलाकर खूब फेंटें।
2. एक बड़े चम्मच में मक्खन को धीमी आंच पर गर्म करें।
3. एक कटोरे में मक्खन, नूडल, मलाई, सॉस, चीज, नमक तथा काली मिर्च डालकर एक साथ मिलाएं।
4. 2 स्लाइस को मैदे के घोल में डिप करें व चिकनाई लगे मेकर में रखें।
5. उसके ऊपर सब्जी की परत लगाएं।
6. उसके ऊपर तैयार नूडल लेकर लगाएं व शेष स्लाइस ऊपर से रखें।
7. बचा घोल ऊपर से डालें व सैंडविच मेकर बंद करें।
8. शानदार नूडल्स सैंडविच मेहमानों को खिलाएं व स्वयं खाएं।

सामग्री :

उबले नूडल्स	*: 1 प्याला*
गाढ़ी मलाई / क्रीम	*: आधा प्याला*
टमाटर सॉस	*: 1 बड़ा चम्मच*
कद्दूकश किया हुआ चीज	*: आधा बड़ा चम्मच*
पत्तागोभी व शिमला मिर्च (तली)	*: आधा प्याला*
मैदे का घोल	*: आधा प्याला*
चीज स्प्रेड	*: 1 छोटा चम्मच*
गारलिक सॉल्ट	*: चुटकीभर*
डबलरोटी	*: 4 स्लाइस*
मक्खन	*: 2 बड़े चम्मच*
नमक व काली मिर्च	*: आधा छोटा चम्मच*

टमाटर सैंडविच

सामग्री :

स्लाइस ब्रेड	*: 4*
लाल टमाटर	*: 2 बड़े*
मक्खन	*: 1 बड़ा चम्मच*
काली मिर्च	*: चौथाई छोटा चम्मच*
नमक	*: आधा छोटा चम्मच*
बारीक कटा हरा धनिया	*: आधा बड़ा चम्मच*
टीन की फॉइल	*: आवश्यकता के अनुसार*

विधि :

1. चारों स्लाइस पर मक्खन लगा लें।
2. टमाटरों के गोल कतरे काटकर फ्रीज में कड़े व ठंडे कर लें।
3. खाने से आधा घंटा पूर्व मक्खन लगे 2 स्लाइस तथा टमाटर के कतरे रखें। ऊपर से नमक व काली मिर्च बुरकें।
4. हरा धनिया डालें व शेष बचे 2 स्लाइसों के ऊपर से ढककर हाथ से दबाव दें।
5. नरम गीले तौलिए अथवा फॉइल में लपेट कर रखें।
6. खाने से पहले सैंडविच बाहर निकालें। चाकू से आड़ा काटें, सजाएं व मेहमानों को खिलाएं।

रेनबो सैंडविच

सामग्री :

स्लाइस ब्रेड	*: 4*
मियोनीज	*: 1 बड़ा चम्मच*
टमाटर सॉस	*: 1 बड़ा चम्मच*
हरी चटनी धनिये, मिर्च	*: 1 बड़ा चम्मच*
मक्खन	*: 1 बड़ा चम्मच*
नमक	*: आधा छोटा चम्मच*
काली मिर्च	*: चौथाई छोटा चम्मच*

विधि :

1. एक स्लाइस पर मक्खन लगाएं व काली मिर्च थोड़ी-सी बुरकें।
2. उस पर टमाटर सॉस लगा एक दूसरा स्लाइस रखें।
3. उसके ऊपर हरी चटनी वाला स्लाइस रखें।
4. चौथे स्लाइस पर मियोनीज लगाकर तीसरे पर उल्टा करके रखें।
5. हाथ से दबा दें व नरम गीले तौलिए अथवा टिन फॉइल में लपेट कर रखें।
6. बड़े व तेज चाकू से तिकोना काटें तथा पूरा एक सेट उल्टा करके मिलाकर रखें।

कटलेट

कुरकुरे चिड़वा कटलेट

सामग्री :

चिड़वा	*: 250 ग्राम*
प्याज	*: 1*
भुनी व लाल छिलका उतरी मूंगफली	*: आधा प्याला*
भीगे व छिलके उतरे बादाम	*: चौथाई प्याला*
मैदा	*: 2 बड़े चम्मच*
ब्रेड क्रम्स	*: 1 कटोरी*
नमक	*: आधा छोटा चम्मच*
काली मिर्च	*: आधा छोटा चम्मच*
तेल / घी	*: आवश्यकता के अनुसार*

विधि :

1. प्याज को बारीक-बारीक चौकोर रूप में काटें।
2. आलू उबालकर छिलका उतारें व ठंडा करके कद्दूकश कर लें।
3. चिड़वा साफ करके धो लें व गीला ही रखें (पानी बिल्कुल नहीं रखें)।
4. आधे प्याले पानी के साथ मैदे का घोल बनाएं।
5. तश्तरी में ब्रेड क्रम्स को फैलाएं।
6. आलू, चिड़वा, कटा प्याज, दरदरा पिसी मूंगफली, बादाम, नमक व काली मिर्च मिलाकर लुगदी जैसे बना लें।
7. हाथ में थोड़ा घी लेकर थोड़ी-थोड़ी लुगदी से तारे की शक्ल व आकार के कटलेट तैयार करें।
8. प्रत्येक कटलेट को मैदा के घोल में डुबोकर ब्रेड क्रम्स में लपेटें। फिर गर्म तेल में तलें व सॉस या चटनी के साथ खाएं।

चना-मूंग चटपटे कटलेट

सामग्री :

छिलका वाली मूंग दाल	***: 1 कटोरी***
चने की दाल	***: आधी कटोरी***
छोटे चौकोर टुकड़ों में कटे बड़े प्याज	***: 2***
बारीक कटी हरी मिर्च	***: आधी कटोरी***
बारीक कटा हरा धनिया	***: आधी कटोरी***
पिसा हुआ अदरक	***: 1 बड़ा चम्मच***
अनारदाना (दरदरा)	***: 1 बड़ा चम्मच***
नमक	***: आधा छोटा चम्मच***
लाल मिर्च	***: चौथाई छोटा चम्मच***
तेल	***: आवश्यकता के अनुसार***

विधि :

1. मूंग की दाल को इस प्रकार धोएं कि उसका छिलका बरकरार रहे।
2. मूंग की दाल व चने की दाल को रातभर भिगो दें।
3. सवेरे उसका पानी निकालकर नमक व लाल मिर्च से साथ दरदरा पीस लें।
4. पिसी दाल में प्याज, हरी मिर्च, हरा धनिया, पिसा अदरक व दरदरा अनारदाना अच्छी तरह से मिला लें।
5. आंच पर कड़ाही में तेल गर्म करें।
6. गीले हाथों से दाल उठाकर थोड़े चपटे आकार में दबाएं और गर्म तेल में छोड़ें।
7. दोनों ओर से दबा-दबाकर करारे कटलेट बनाएं।
8. चटनी अथवा सॉस के साथ उन्हें सर्व करें।

पौष्टिक कटलेट (काले चने)

विधि :

1. आलू उबालकर छीलें व अच्छी तरह कद्दूकश करके हाथ से मसल लें।
2. उबले काले चनों को दरदरा पीस लें।
3. हरी मिर्च व हरे धनिये को बारीक काट लें।
4. आलू, दरदरे चने, हरी मिर्च, हरा धनिया, नमक, मिर्च व अदरक एक थाली में मिलाएं।
5. घी लगी हथेली पर थोड़ा-थोड़ा मिश्रण लेकर चौकोर आकार के कटलेट बनाएं।
6. पानी मिलाकर बेसन का घोल तैयार करें।
7. अखबार के कागज पर ब्रेड क्रम्स फैलाएं।
8. तेल गर्म करें व प्रत्येक कटलेट को बेसन में डुबो कर ब्रेड क्रम्स में लपेटें और गर्म तेल में तलें।
9. गर्मगर्म कटलेट चटपटी चटनी के साथ खाएं।

सामग्री :

काले चने (उबले)	*: 2 कटोरी*
आलू	*: 2*
हरी मिर्च	*: 3-4*
हरा धनिया बारीक कटा	*: आधी गुच्छी*
अदरक	*: 1 बड़ा चम्मच*
बेसन	*: 2 बड़े चम्मच*
ब्रेड क्रम्स	*: 1 कटोरी*
तेल	*: आवश्यकता के अनुसार*
नमक	*: आधा छोटा चम्मच*
काली मिर्च	*: आधा छोटा चम्मच*

काबुली चने के कटलेट

विधि :

1. काबुली चने को नरम पीस लें।
2. प्याज, हरी मिर्च, हरा धनिया, अदरक, अनारदाना तथा पिसा हुआ चना आपस में मिलाएं।
3. नमक, मिर्च, काला मसाला तथा किनारा निकाला ब्रेड मिलाएं।
4. सारा मिश्रण हाथों द्वारा लगभग एकसार करें व तिकोने कटलेट तैयार करें।
5. प्रत्येक कटलेंट को ब्रेड क्रम्स में लपेटें।
6. उसे गर्म घी में तल लें तथा ब्राउन पेपर पर निकालते जाएं।
7. टमाटर सॉस अथवा इमली की चटनी अथवा धनिये की चटनी के साथ खाएं।

सामग्री :

उबले काबुली चने	*: 2 कटोरी*
डबलरोटी	*: 3 स्लाइस*
ब्रेड क्रम्स	*: 1 कटोरी*
प्याज, हरा धनिया	*: आधी कटोरी*
हरी मिर्च व अदरक	*: आधी कटोरी*
काला मसाला	*: 1 छोटा चम्मच*
नमक	*: आधा छोटा चम्मच*
लाल मिर्च	*: चौथाई छोटा चम्मच*
तेल	*: आवश्यकता के अनुसार*

फूलगोभी दिलकश कटलेट

सामग्री :

फूलगोभी	:	250 ग्राम
चने की दाल	:	100 ग्राम
डबलरोटी	:	2-3 स्लाइस
ब्रेड क्रम्स	:	1 कटोरी
मैदा/अंडा	:	1 बड़ा चम्मच
अनारदाना (सूखा)	:	1 छोटा चम्मच
नमक	:	आधा छोटा चम्मच
लाल मिर्च	:	आधा छोटा चम्मच
तेल/घी	:	आवश्यकता के अनुसार

विधि :

1. फूलगोभी के फूलों को धोकर साफ करें।
2. पतीले में धुले फूल रखकर इतना ही पानी डालें कि फूल डूब जाएं।
3. आधा छोटा चम्मच नमक डालकर गोभी को गलने तक उबालें।
4. जब गोभी ठंडी हो जाए, तब छलनी द्वारा छानकर पानी निकाल दें।
5. चंने की दाल को भी अच्छी तरह धोकर एक घंटे तक भिगोएं तथा गलने तक उबालें।
6. अब गोभी व चने की दाल को एक साथ मिलाकर दरदरा पीस लें।
7. स्लाइसों को पानी में भिगोएं। फिर हाथ से दबाकर उनका सारा पानी निकाल दें व भुरभुराकर दाल मिश्रण में मिला दें।
8. अनारदाना, नमक व मिर्च मिलाकर सारा मिश्रण एकसार करें।
9. हाथ से कुल मिश्रण को दिल का शेप देकर कटलेट तैयार करें।
10. आधी कटोरी पानी मिलाकर मैदा का घोल तैयार करें अथवा 1 अंडा खूब झागदार फेंटें।
11. कड़ाही में तेल गर्म करें।
12. एक-एक कटलेट को उठाकर घोल में लपेटें।
13. लिपटे कटलेट को ब्रेड क्रम्स में दुबारा लपेटें व गर्म तेल में सुनहरा भूरा होने तक तलें।
14. गर्म-गर्म कटलेट को भूरे कागज (ब्राउन पेपर) पर निकालें, ताकि उसका अतिरिक्त तेल सूख जाए।
15. हरे धनिये की चटनी व टमाटर सॉस के साथ कटलेट खाएं व खिलाएं।

अंगूरी कटलेट

सामग्री :

पके कटे अंगूर	: 2 कटोरी
मध्यम आकार के उबले आलू	: 2
हरा धनिया (कटा)	: चौथाई कटोरी
ब्रेड क्रम्स	: 1 कटोरी
बादाम	: 8-10
पिसी चीनी	: आधा छोटा चम्मच
नमक	: आधा छोटा चम्मच
अमचूर	: चौथाई छोटा चम्मच
काली मिर्च	: चौथाई चम्मच
तेल	: आवश्यकता के अनुसार

विधि :

1. बिना बीज वाले अंगूर व उबले आलुओं को आपस में मथें।
2. बादाम भिगोकर छिलका उतारें व बारीक काट लें।
3. अंगूर-मिश्रण में हरा धनिया, बादाम, चीनी, नमक, अमचूर व काली मिर्च मिलाएं।
4. हाथ से अच्छी तरह मिलाकर एकसार करें। इससे अंगूर दबेंगे व रस आलुओं में समा जाएगा।
5. हाथ से आकार देकर अंडाकार बनाएं।
6. प्रत्येक कटलेट को ब्रेड क्रम्स में लपेटकर गर्म तेल में सुनहरा भूरा रंग आने तक तलें व ब्राउन पेपर पर निकालते जाएं।
7. खट्टी-मीठी चटनी के साथ खाएं।

मटर कटलेट

सामग्री :

उबला हरा मटर (पिसा)	: 4 कटोरी
डबलरोटी	: 2 पीस
पनीर (कसा हुआ)	: आधी कटोरी
ब्रेड क्रम्स	: 1 कटोरी
नमक	: आधा छोटा चम्मच
काली मिर्च	: आधा छोटा चम्मच
अमचूर	: आधा छोटा चम्मच
बारीक कटा अदरक, हरी मिर्च व हरा धनिया	: चौथाई कटोरी
तेल/घी	: आवश्यकता के अनुसार

विधि :

1. मटर में कसा हुआ पनीर, नमक, मसाला, अदरक, हरी मिर्च व हरा धनिया मिलाकर एकसार पिट्ठी बनाएं।
2. ब्रेड को पानी में भिगोकर कुचलें तथा पिट्ठी में अच्छी तरह से मिलाएं।
3. ब्रेड क्रम्स को तश्तरी में फैलाएं तथा तेल को तवे पर गर्म करें।
4. चिकने हाथ से पिट्ठी उठा-उठाकर तारे के समान आकार दें। तेज चाकू से किनारे बनाएं व ब्रेड क्रम्स में लपेट-लपेट कर तेल में तलें।
5. करारे मटर कटलेट खट्टी चटनी के साथ खाएं।

कच्चे केले के कटलेट

सामग्री :

कच्चे उबले हरे केले	:	3
मध्यम आकार के उबले आलू	:	2
ताजा पनीर	:	चौथाई कटोरी
बारीक कटी हरी मिर्च व हरा धनिया	:	आधी कटोरी
तले कुटे मखाने	:	चौथाई कटोरी
नमक	:	1 छोटा चम्मच
काली मिर्च	:	आधा छोटा चम्मच
तेल	:	आवश्यकता के अनुसार
ब्रेड क्रम्स	:	आवश्यकता के अनुसार

विधि :

1. उबले आलुओं व कच्चे केलों को छिलका उतारकर आपस में मसलें।
2. इस मिश्रण में आधा छोटा चम्मच नमक तथा थोड़ी काली मिर्च मिलाएं।
3. पनीर को मखाना चूरा, हरी मिर्च, हरा धनिया, नमक व काली मिर्च के साथ मसलकर भुरभुरा करें।
4. हथेली में घी लगाकर थोड़ा-सा केला मिश्रण लें, पेड़ा बनाएं व बीचोबीच गहरा छेद बनाकर पनीर मिश्रण भरें।
5. पेड़ा पूरा बंद करें व हाथ से दबाकर कुछ चपटा गोल आकार दें।
6. इसी प्रकार भरावन भरकर केले के सारे कटलेट बना लें।
7. प्रत्येक कटलेट को ब्रेड क्रम्स में लपेटें व गर्म तेल में तलते जाएं।
8. हरे धनिये की चटनी के साथ गर्म-गर्म कटलेट परोसें।

मटर मैकरौनी कटलेट

सामग्री :

उबली मैकरौनी	: 2 प्याले
ताजा कच्चा नरम मटर	: आधा प्याला
मैदा	: 3 बड़े चम्मच
मक्खन	: डेढ़ बड़ा चम्मच
दूध	: 1 प्याला
कद्दूकश की हुई चीज	: आधा प्याला
ब्रेड क्रम्स	: 2 कटोरी
काली मिर्च	: 8-10 दाने
नमक	: 1 छोटा चम्मच
काली मिर्च	: आधा छोटा चम्मच
तले साबूत मखाने	: 8-10
तेल	: आवश्यकता के अनुसार

विधि :

1. पतीले अथवा पैन में मक्खन गर्म करें।
2. 3 बड़े चम्मच मैदा डालकर गुलाबी होने तक भूनें।
3. भुने मैदे में धीरे-धीरे दूध व चीज डालें।
4. जब मिश्रण गाढ़ा होने लगे, तो उबली मैकरौनी डाल कर जल्दी-जल्दी मिलाएं।
5. नमक व काली मिर्च डालकर मिलाएं तथा चिकना गोला जैसा तैयार करें।
6. हथेली में थोड़ा चिकना मिश्रण उठाएं तथा थोड़ा लंबा पेड़ा बनाएं। बीच में नरम मटर भरें। उसके भी बीच में एक-एक तला साबूत मखाना रखें।
7. हाथ से मछली की शक्ल दें तथा चाकू द्वारा काट-छांट कर किनारे वाले पंख व पूंछ बनाएं।
8. 2 बड़े चम्मच मैदे को 1 कटोरी पानी में डालकर घोल तैयार करें।
9. एक तश्तरी में ब्रेड क्रम्स फैलाएं।
10. जब सारी मछलियां तैयार हो जाएं, तो प्रत्येक मछली को मैदा घोल में डुबो कर ब्रेड क्रम्स में लपेटें।
11. गर्म-गर्म तेल में गुलाबी होने तक तलकर ब्राउन पेपर पर निकालते जाएं।
12. तली हुई मछलियों की काली मिर्च (साबूत)से आंखें बनाएं।
13. सर्विंग डिश में सजाकर टमाटर सॉस व चिली सॉस रखकर किसी भी पेय पदार्थ के साथ सर्व करें।

चाट

चटपटी करारी पापड़ी चाट

सामग्री :

सूजी	*: 1 प्याला*
मैदा	*: 2 प्याले*
घी (मोयन के लिए)	*: 2 बड़े चम्मच*
खाने वाला सोडा	*: चौथाई छोटा चम्मच*
तेल	*: आवश्यकता के अनुसार*
छना हुआ गाढ़ा दही, इमली की मीठी सोंठ, हरे धनिये व हरी मिर्च की चटनी	*: आवश्यकता के अनुसार*
उबले तथा कटे आलू	*: आधा प्याला*
लाल मिर्च	*: 1 छोटा चम्मच*
पीली मिर्च	*: 1 छोटा चम्मच*
उबले काबुली चने	*: आधा प्याला*
नमक	*: 1 छोटा चम्मच*

विधि :

1. मैदे व सूजी को चलनी से चाल लें।
2. उनमें आधा छोटा चम्मच नमक व खाने वाला सोडा मिलाएं।
3. मोयन का घी डालें व कुनकुने पानी से पूरी के आटे की तरह गूंध लें।
4. उसे गीले कपड़े में लपेटकर रखें। आधे घंटे बाद उसे दुबारा गूंध लें। फिर उसकी मोटी-मोटी लोइयां बना लें।
5. बड़ी-बड़ी रोटियां बेलें तथा किसी छोटी गोल कटोरी से गोल-गोल पापड़ियां काट लें।
6. इन्हें भी गीले कपड़े से ढकते जाएं।
7. जब सब पापड़ियां बना लें, तो तेल में उन्हें गुलाबी-गुलाबी तल लें।
8. जब परोसना हो, तो दही में नमक मिलाएं। थोड़ी पापड़ी सोंठ में व थोड़ी दही में डालें।
9. तुरत ही उन्हें डुबो-डुबोकर तश्तरी में लगाएं।
10. नमक, मसाले तथा मिर्च बुरकें।
11. ऊपर से दोनों चटनियां, सोंठ, दही व उबले आलू डालकर करारी पापड़ी चाट का मजा लें।

नोट : इस प्रकार से बनी पापड़ियों को हफ्ते भर तक रख सकते हैं। यदि रखने के उद्देश्य से इसे बनाएं, तो तलने के लिए तेल के बजाय घी का ही प्रयोग करें।

हरियाला आलू चाट

विधि :

1. अच्छी तरह से धुले आलुओं को कुकर में पानी तथा नमक डालकर थोड़ा सख्त ही उबालें।
2. ठंडा करके उनका छिलका उतारें व तेल में गुलाबी रंगत आने तक तल लें।
3. ब्राउन पेपर पर रखें, ताकि सारा अतिरिक्त तेल सूख जाए।
4. तले आलुओं को कांटे द्वारा अच्छी तरह से गोद लें।
5. हरी खट्टी चटनी में अनारदाना तथा लाल व पीली मिर्च मिलाएं। फिर गुदे हुए आलुओं के साथ उसे अच्छी तरह से मिलाएं।
6. आवश्यकता हो, तो नमक भी मिलाएं।
7. बेसन के करारे सेव ऊपर से डालकर मेहमानों को खिलाएं।

सामग्री :

एक समान गोल आलू	*: 1 किलो*
हरी मिर्च व हरे धनिये की खट्टी चटनी	*: 3 कटोरी*
अनारदाना	*: आधी कटोरी*
लाल मिर्च	*: 1 छोटा चम्मच*
पीली मिर्च	*: 1 छोटा चम्मच*
घी/तेल	*: 2 बड़े चम्मच*
बेसन के मिर्च वाले बारीक सेव	*: आवश्यकता के अनुसार*
नमक	*: डेढ़ छोटा चम्मच*

आलू-मटर की चाट

विधि :

1. आलुओं को छीलकर मध्यम आकार के टुकड़ों में काट लें।
2. तवे पर आलू के कतरों को तेल में दोनों ओर से अच्छी तरह करारा सेंक व तल लें।
3. तवे पर थोड़ा तेल डालकर मटर को भी तल लें।
4. आलू व मटर को आपस में मिलाएं।
5. नमक, मसाले व मिर्च डालें।
6. हरी मिर्च व हरा धनिया (बारीक) कटा मिलाएं।
7. इमली का खट्टा पानी ऊपर से डालें व पूरी चाट को खूब हिलाकर मिलाएं।
8. सींकें लगाकर खाएं।

नोट : जब चाट खानी हो, तभी इमली का पानी डालें।

सामग्री :

उबले आलू	*: आधा किलो*
नरम कच्चा मटर	*: 250 ग्राम*
तेल	*: आवश्यकता के अनुसार*
इमली का खट्टा पानी	*: चौथाई कटोरी*
हरी मिर्च व हरा धनिया (कटा)	*: चौथाई कटोरी*
काला मसाला	*: 1 छोटा चम्मच*
लाल मिर्च	*: आधा छोटा चम्मच*
पीली मिर्च	*: चौथाई छोटा चम्मच*
नमक	*: तीन चौथाई छोटा चम्मच*

अंडा चाट

सामग्री :

छोटे कतरों में कटे हुए उबले अंडे	6
चिली सॉस	आधा बड़ा चम्मच
टमाटर सॉस	1 बड़ा चम्मच
बारीक कटा हरा धनिया	1 बड़ा चम्मच
बारीक कटी हरी मिर्च	2-3
नमक	तीन चौथाई छोटा चम्मच
काली मिर्च	आधा छोटा चम्मच
छोटे टुकड़ों में कटा पनीर	आधा प्याला
तेल	1 बड़ा चम्मच

विधि :

1. फ्राइंग पैन अथवा कड़ाही में तेल गर्म करें व आंच धीमी करें।
2. गर्म तेल में नमक, काली मिर्च, हरी मिर्च, कटा पनीर व हरा धनिया डालें। थोड़ा-सा चलाकर आंच से उतार लें।
3. तैयार मसाले में अंडे डालें व मिलाएं।
4. टमाटर सॉस व चिली सॉस डालकर उलटें-पुलटें।
5. कांटेदार चम्मच लगाकर सर्व करें।

आलू कतरा चाट

सामग्री :

उबले आलू	750 ग्राम
खट्टी हरी चटनी	चौथाई कटोरी
इमली की सोंठ	चौथाई कटोरी
टमाटर सॉस	चौथाई कटोरी
आलू का लच्छा	चौथाई कटोरी
नमकीन मिर्चोने सेव	चौथाई कटोरी
उबले काले चने	चौथाई कटोरी
चाट मसाला	आधा छोटा चम्मच
काला मसाला	आधा छोटा चम्मच
नमक	आधा छोटा चम्मच

विधि :

1. तीनों -हरी चटनी, सॉस व सोंठ को अलग-अलग डोंगे में रखें।
2. आलू छीलें तथा उनके कतरे काट लें।
3. गर्म तेल में आलू के कतरे करारे तल लें तथा ब्राउन पेपर पर रखते जाएं।
4. बराबर हिस्से करके आलुओं को 3 डोंगों में डालें।
5. उन्हें चटनी, सॉस व सोंठ में लपेटें। मसाले व नमक भी बराबर हिस्सों में डालकर अलग-अलग मिलाएं।
6. तश्तरी में अलग-अलग ढेरी बनाकर रखें।
7. पहली ढेरी पर बारीक सेव, दूसरी पर लच्छा व तीसरी पर काले चने डालकर खाएं।

कुल्ले की चाट

विधि :

1. आलुओं को नमक के पानी में थोड़ा सख्त उबाल लें।
2. आलुओं को ठंडा करें व छीलकर बीचोबीच आधा काटें।
3. उन आलुओं को तवे पर तल लें।
4. ठंडा करके प्रत्येक आलू के टुकड़े के ऊपर से गोल सिरा काट लें व अलग रखें।
5. खोखले भाग में हल्का नमक बुरक दें।
6. एक डोंगे में उबले काबुली चने, आलुओं के बीच के कटे भाग, हरा धनिया, हरी मिर्च तथा अदरक मिलाएं।
7. भुना-पिसा जीरा, नमक, पीली व लाल मिर्च तथा काला मसाला भी चने वाले मिश्रण में मिलाएं।
8. इमली का पानी मिलाकर सबको एकसार करें।
9. खोखले आलुओं में भरें व कटे सिरे को ढक्कन की तरह रखें।
10. नीबू डालें तथा सींकें लगाकर स्वयं खाएं और मेहमानों को खिलाएं।

सामग्री :

बड़े आलू : 4
नीबू : 2
अदरक (कटा हुआ): 1 बड़ा चम्मच
जीरा (भुना हुआ): 1 छोटा चम्मच
तेल : 2 बड़े चम्मच
उबले काबुली चने : 2 कटोरी
हरी मिर्च व हरा धनिया (कटा) : आधी कटोरी
नमक : 1 छोटा चम्मच
पीली मिर्च : 1 छोटा चम्मच
लाल मिर्च : 1 छोटा चम्मच
इमली का पानी : चौथाई कटोरी
काला मसाला : 1 छोटा चम्मच

मूंग बड़े की चाट

सामग्री :

मूंग की धुली दाल	*250 ग्राम*
मूंग छिलका	*250 ग्राम*
हरी मिर्च व हरा धनिया (कटा)	*आधी कटोरी*
बारीक कटा अदरक	*1 बड़ा चम्मच*
बारीक कटा बड़ा प्याज	*1*
नमक	*आधा छोटा चम्मच*
हींग	*चौथाई छोटा चम्मच*
लाल मिर्च	*आधा छोटा चम्मच*
पीली मिर्च	*आधा छोटा चम्मच*
इमली का खट्टा पानी	*आधी कटोरी*
चाट मसाला	*आधा छोटा चम्मच*
काला मसाला	*आधा छोटा चम्मच*
तेल	*आवश्यकता के अनुसार*

विधि :

1. दोनों दालों को साफ करके रातभर भिगोए रखें।
2. सवेरे उन्हें पानी से अलगकर सिल पर दरदरा पीस लें।
3. हींग पीसकर व नमक तथा लाल मिर्च डालकर अच्छी तरह दाल को फेंटें।
4. दाल में कटा प्याज, हरी मिर्च, हरा धनिया व कटा अदरक मिलाएं।
5. तेल में कुछ बड़े आकार के बड़े तल लें। फिर उन्हें उतार-उतारकर ब्राउन पेपर पर रखें।
6. तले बड़ों को चाकू द्वारा बीच से आड़ा-तिरछा काटें।
7. पीली मिर्च, काला मसाला व चाट मसाला बुरकें तथा इमली का खट्टा पानी डालकर कॉफी के साथ सर्व करें।

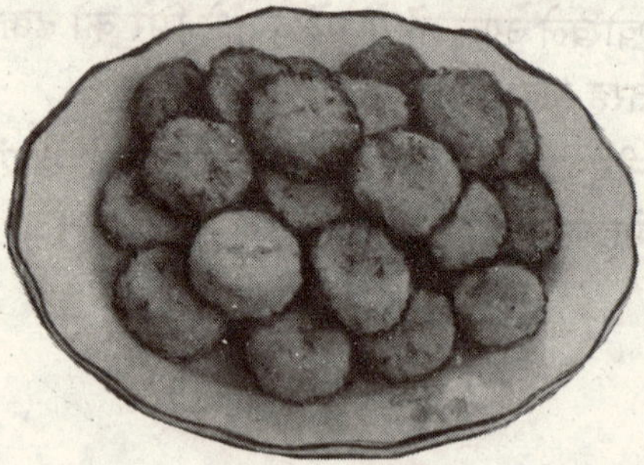

दिलरुबा सब्जी चाट

सामग्री :

बड़ा कच्चा केला	:	*1*
बड़ा आलू	:	*1*
हरी मिर्च	:	*2-3*
बड़ा प्याज	:	*1*
बड़े टमाटर	:	*2*
नमक	:	*2 छोटे चम्मच*
इमली पानी	:	*आधी कटोरी*
मोटी अरवी	:	*3-4*
छोटा गोल बैगन	:	*1*
सोयाबीन की बड़ियां	:	*1 कटोरी*
पनीर	:	*100 ग्राम*
बेसन	:	*ढाई कटोरी*
लाल मिर्च	:	*1 छोटा चम्मच*
चाट मसाला	:	*1 छोटा चम्मच*
तेल	:	*आवश्यकता के अनुसार*
बेकिंग पाउडर	:	*चुटकीभर*

विधि :

1. नमक व लाल मिर्च मिलाकर बेसन का गाढ़ा घोल तैयार करें। फिर उसमें बेकिंग पाउडर डालें।
2. सब्जी अलग-अलग धो लें व छिलका उतारकर मध्यम आकार के टुकड़े काटें।
3. तेल में तलकर पानी में सोयाबीन की बड़ियां डालते जाएं।
4. अरवी के कतरे तलकर अलग रखें।
5. केला, आलू, प्याज, बैगन, हरी मिर्च, 50 ग्राम पनीर के टुकड़े तथा सोयाबीन की बड़ियों को बेसन के घोल में डुबो-डुबो कर पकौड़े तल लें।
6. जब पकौड़े ठंडे हो जाएं, तो उन्हें एक सर्विंग प्लेट में रखें।
7. अरवी, कटा टमाटर तथा कटा कच्चा पनीर मिलाएं। फिर सारे मिर्च-मसाले बुरकें।
8. इमली का खट्टा पानी डालकर खाएं व खिलाएं।

नोट : पकौड़ों को ज्यादा देर तक रखने से उनका करारापन जाता रहेगा।

तिकोनी मठरी चाट

सामग्री :

मैदा	*: 3 प्याले*
नमक	*: डेढ़ छोटा चम्मच*
उबले चने	*: 1 कटोरी*
हरा धनिया व बारीक कटी हरी मिर्च	*: आधी कटोरी*
गाढ़ा, मथा हुआ दही	*: आवश्यकता के अनुसार*
चाट मसाला	*: 1 छोटा चम्मच*
काली मिर्च	*: 8-10*
घी	*: आवश्यकता के अनुसार*
अदरक (कटा)	*: 1 बड़ा चम्मच*
इमली की सोंठ तथा हरी खट्टी चटनी	*: आवश्यकता के अनुसार*

विधि :

1. मैदा को छानें, फिर नमक तथा घी का मोयन देकर पानी के साथ थोड़ा सख्त गूंध लें।
2. छोटी-छोटी लोइयां तोड़ें।
3. उसे पतली रोटी के समान बेलकर बीच से पहले एक मोड़, फिर दूसरा मोड़ दें।
4. हल्का-सा दबाव डालकर थोड़ा-सा बेलें तथा प्रत्येक मठरी के बीचोबीच काली मिर्च लगाकर दबा दें।
5. सारी तिकोनी मठरियां तैयार कर लें। फिर तेल अथवा घी में उन्हें तलकर ब्राउन पेपर पर रखते जाएं।
6. एक तश्तरी में मठरियां लगाएं। उन पर गाढ़ा नमकीन दही डालें।
7. इच्छानुसार सोंठ व चटनी डालें तथा चाट मसाला, उबले चने, अदरक, हरी मिर्च व हरा धनिया डालकर खाएं।

नोट : इस प्रकार की तिकोनी मठरियां बनाकर आप हवाबंद डब्बे में भी कुछ दिनों तक रख सकते हैं।

मिक्स फ्रूट चाट

विधि :

1. आलू, शकरकंदी व कचालू को उबालकर ठंडा करें व उनके छिलके उतारें।
2. शेष सभी फलों को धोकर छिलके व बीज निकाल दें व टुकड़ों में काट दें।
3. एक बड़े डोंगे में सारे फलों के टुकड़े रखें व नमक, नीबू का रस, चीनी, मिर्च तथा मसाले डालें और उछाल-उछालकर अच्छी तरह मिलाएं।
4. कटोरियों अथवा तश्तरियों में रखें, कांटे या तीली लगाएं और तुरत सर्व करें।

नोट : फलों को आप सर्दियों तथा गर्मियों के अनुसार चुन सकते हैं।

सामग्री :

छोटा खरबूजा	*: 1*
छोटा आम	*: 1*
मध्यम आकार का आलू	*: 2*
छोटा खीरा	*: 1*
अनन्नास के टुकड़े	*: 3*
नीबू	*: 3*
केले	*: 4*
सेब	*: 1*
नाशपाती	*: 3*
ताजे अनार के दाने	*: 1 प्याला*
मध्यम शकरकंदी	*: 1*
छोटा कचालू	*: 1*
छोटा फूट	*: 1*
नमक	*: डेढ़ छोटा चम्मच*
काला मसाला	*: डेढ़ छोटा चम्मच*
चाट मसाला	*: डेढ़ छोटा चम्मच*
लाल मिर्च	*: 1 छोटा चम्मच*
चीनी	*: 1 बड़ा चम्मच*

आलू टिक्की

सामग्री :

उबले आलू	:	*आधा किलो*
छौंकी हुई मूंग धुली	:	*1 कटोरी*
काजू व किशमिश (कटे हुए)	:	*चौथाई कटोरी*
बारीक कटी हरी मिर्च, हरा धनिया व अदरक	:	*चौथाई कटोरी*
धनिये व हरी मिर्च की खट्टी चटनी	:	*आवश्यकता के अनुसार*
इमली की मीठी सोंठ	:	*आवश्यकता के अनुसार*
तेल	:	*आवश्यकता के अनुसार*
लाल मिर्च	:	*1 छोटा चम्मच*
नमक	:	*1 छोटा चम्मच*
पीली मिर्च	:	*1 छोटा चम्मच*

विधि :

1. उबले आलुओं को छीलकर कद्दूकश करें।
2. हाथ में चिकनाई लगाकर उन्हें थोड़ा-थोड़ा उठाएं व गोल पेड़ी बना लें।
3. छौंकी हुई दाल में काजू, किशमिश, हरी मिर्च, हरा धनिया व अदरक मिलाकर उलटें-पलटें।
4. पेड़ी में बीचोबीच गहरा छेद बनाएं व तैयार किए दाल-मिश्रण का 1-1 छोटा चम्मच भरकर पेड़ी बंद कर दें।
5. हाथ से दबाव डालकर थोड़ा दबाएं व तवे पर तेल में टिक्की को दोनों ओर से गुलाबी व करारी करें।
6. दोने अथवा तश्तरी में साबूत टिक्की चटनियों के साथ सर्व करें।
7. टिक्की को बीचोबीच खोलकर ऊपर से मिर्च तथा नमक बुरककर सोंठ तथा खट्टी चटनी व पापड़ी का चूरा डालकर भी इसे सर्व कर सकते हैं।

नोट : 1. इस टिक्की में दाल की जगह मटर को छौंक कर भी भरा जा सकता है।

2. काजू तथा किशमिश के बिना सादी टिक्की भी बनाई जा सकती है।

सालिम आलू चाट

विधि :

1. आलू धोकर प्रेशर कुकर में पानी तथा नमक डाल कर थोड़ा सख्त ही उबालें।
2. आलुओं को छीलकर ठंडा होने दें। फिर उन्हें कांटे से गोद दें।
3. कड़ाही में सारे आलुओं को एक साथ ही डाल कर तेल में ऊपर-नीचे उलटें-पुलटें।
4. सारे मसाले डालकर उलटें-पुलटें। इससे मसाला आलुओं पर चिपक जाएगा।
5. इमली का पानी डालकर आलू चाट को गर्म-गर्म चाय के साथ सर्व करें।

नोट : यदि आलुओं को ओवन में भून लें अथवा ग्रेल कर लें, तो भी चाट अति उत्तम बनती है।

सामग्री :

समान आकार के गोल छोटे आलू : आधा किलो
इमली का पानी : चौथाई प्याला
तेल : 1 बड़ा चम्मच
काला मसाला : आधा छोटा चम्मच
चाट मसाला : आधा छोटा चम्मच
पीली मिर्च : आधा छोटा चम्मच
लाल मिर्च : चौथाई छोटा चम्मच

चावल की टिक्की

विधि :

1. चावल को अच्छी तरह से धोकर आधा छोटा चम्मच नमक व एक छोटा चम्मच तेल डालकर पका लें।
2. ठंडा होने पर उसमें उबले व मसले आलू, हरा धनिया, हरी मिर्च तथा लाल मिर्च डालकर अच्छी तरह मसल लें, ताकि वे एकसार हो जाएं।
3. पनीर व मूंगफली को आपस में मिलाएं।
4. चिकनाई लगे हाथ से मिश्रण उठाएं, थोड़ा चपटा करें व बीचोबीच छेद बनाकर पनीरी मिश्रण भरें, फिर एकसार करें।
5. गर्म तेल में टिक्की को करारी-करारी तलें।
6. तैयार टिक्कियों को खट्टी चटनी के साथ खाएं।

सामग्री :

चावल : 1 कटोरी
बड़े उबले आलू : 3
घर का बना पनीर : आधी कटोरी
दरदरी पिसी मूंगफली : आधी कटोरी
बारीक कटी हरी मिर्च : 2-3
हरा धनिया (कटा) : आधी गुच्छी
किशमिश : 6-7
नमक : आधा छोटा चम्मच
लाल मिर्च : चौथाई छोटा चम्मच
तेल/घी : आवश्यकता के अनुसार

अंडे की टिक्की

सामग्री :

उबले अंडे (मसले हुए)	*6*
बारीक कटा बड़ा प्याज	*1*
बारीक कटा बड़ा टमाटर	*1*
बारीक कटी हरी मिर्च	*3-4*
भुनी दरदरी मूंगफली	*आधा प्याला*
कद्दूकश की हुई चीज	*चौथाई प्याला*
बारीक कटा धनिया	*चौथाई प्याला*
कद्दूकश किए उबले आलू	*आधा किलो*
नमक	*डेढ़ छोटा चम्मच*
काली मिर्च	*आधा छोटा चम्मच*
तेल	*आवश्यकता के अनुसार*

विधि :

1. आलू मसलकर अलग रखें।
2. एक बड़ा चम्मच तेल गर्म करें व उसमें कटा हुआ प्याज डालकर गुलाबी करें।
3. गुलाबी प्याज में टमाटर डालकर भूनें। जब टमाटर हल्का भुन जाए, तो अंडों का मसाला उसमें डालें व खूब उलटें-पुलटें।
4. नमक, काली मिर्च, हरी मिर्च, हरा धनिया व चीज डालकर अच्छी तरह से मिलाएं तथा पिट्ठी जैसी तैयार कर लें।
5. तवा आंच पर रखें व तेल डालकर गर्म करें।
6. तेल लगे हाथ से आलू उठाएं व पेड़ी जैसी बनाएं। बीच में दबाकर छेद बनाकर अंडे की पिट्ठी भरें।
7. पिट्ठी में दरदरी मूंगफली भरें व रोल गोल करके दबाएं और टिक्की की शक्ल दें।
8. गर्म तेल में अंडे की टिक्कियां बना-बनाकर दोनों ओर से करारी तल लें।
9. बीच से खोलकर टमाटर सॉस ऊपर से डालें तथा धनिये की खट्टी चटनी के साथ सर्व करें।

ब्रेड क्रम्स की पापड़ी

विधि :

1. ब्रेड क्रम्स में नमक मिलाएं व पानी के साथ गूंध लें।
2. रोटी से थोड़ी बड़ी दो लोइयां बना लें।
3. छोटी गोल कटोरी से एक समान पापड़ियां काट लें।
4. तेल में उन्हें गुलाबी-गुलाबी तल लें तथा ब्राउन पेपर पर रखें। इससे उनका अतिरिक्त तेल सूख जाएगा।
5. खाने के समय नमक मिले दही में डुबो कर तश्तरी में रखें।
6. सोंठ व चटनियां डालें तथा मसाला व मिर्च बुरकें।
7. उबले व छोटे टुकड़ों में कटे आलू, चने, हरी मिर्च व अदरक डालकर स्वाद लें।

सामग्री :

ब्रेड क्रम्स	*: 2 प्याले*
नमक	*: आधा छोटा चम्मच*
घी/तेल	*: आवश्यकता के अनुसार*
पर्याप्त गाढ़ा दही, चाट मसाला, इमली की सोंठ, खट्टी हरी चटनी तथा लाल व पीली मिर्चें	*: आवश्यकता के अनुसार*
आलू व चने (उबले) :	*1 प्याला*
हरी मिर्च व अदरक के लच्छे	*: चौथाई प्याला*

मैकरोनी चाट

विधि :

1. पनीर के टुकड़ों को हल्का-सा तलें।
2. एक डोंगे में उबली मैकरोनी, मटर, टमाटर, अनन्नास व अनार के दाने डालें।
3. इन्हें उलट-पुलट कर मसाले तथा नीबू का रस डालकर मिलाएं।
4. कटोरियों अथवा तश्तरियों में निकालें व ऊपर से मूंगफली तथा पनीर के टुकड़े डालकर सर्व करें।

सामग्री :

उबली मैकरोनी	*: डेढ़ प्याला*
कच्चे मटर	*: आधा प्याला*
भुनी मूंगफली	*: आधा प्याला*
कटा टमाटर	*: आधा प्याला*
कटा अनन्नास	*: आधा प्याला*
ताजे अनार के दाने	*: आधा प्याला*
नमक	*: डेढ़ छोटा चम्मच*
चाट मसाला	*: आधा छोटा चम्मच*
लाल मिर्च	*: आधा छोटा चम्मच*
नीबू	*: 1*
पनीर के टुकड़े	*: आधा प्याला*

गोल गप्पे

सामग्री :

खट्टे पानी के लिए-

इमली	: 100 ग्राम
भुना जीरा	: 1 छोटा चम्मच
काला नमक	: आधा छोटा चम्मच
हींग	: चुटकीभर
सफेद नमक	: चौथाई छोटा चम्मच
हरा धनिया	: 1 गुच्छी
लाल मिर्च	: चौथाई छोटा चम्मच
पानी	: आवश्यकता के अनुसार

साथ रखने के लिए

उबले /कटे आलू, चने, खट्टी चटनी व सोंठ

गोल गप्पे के लिए-

आटा	: 100 ग्राम
सूजी	: 100 ग्राम
नमक	: आधा छोटा चम्मच
खाने वाला सोडा	: चुटकीभर
तेल/घी	: आवश्यकता के अनुसार

विधि :

1. आटे में सूजी, नमक तथा सोडे को मिलाकर थोड़ा सख्त गूंध लें।
2. इस आटे को ढक कर एक घंटा तक रखे रहें।
3. 2 मोटी लोइयां बनाकर बड़ी-बड़ी पतली रोटियां बना लें।
4. किसी छोटी कटोरी से उन्हें गोल-गोल काट लें।
5. तेल या घी में तल लें तथा ब्राउन पेपर पर निकाल कर रखें। इससे उनका अतिरिक्त तेल या घी सूख जाएगा।
6. फूले गप्पे ठंडे हो जाएं, तो हल्के हाथों से उठाकर टोकरी में रखें, ताकि उनके फूटने की आशंका न रहे।

खट्टा पानी बनाने के लिए-

1. इमली को 4-5 घंटे तक पानी में भिगोए रखें।
2. उसके बाद इमली को पानी में ही मसल दें। फिर गूदा पानी में मिलाकर छान लें।
3. इसमें अपने स्वाद के अनुसार नमक, काला नमक, लाल मिर्च, हींग व जीरा मिलाएं। पुदीना पीसकर मिलाएं।
4. मिश्रण को छान लें। यदि वह अधिक तेज व खट्टा लगे, तो इच्छानुसार और पानी व बर्फ मिला लें।
5. खाने के समय गोल गप्पे में अंगूठे से एक छेद बनाएं।
6. उसमें उबले आलू के टुकड़े व उबले चने भरें।
7. इमली की सोंठ व खट्टी चटनी थोड़ी-थोड़ी डालें।
8. पानी भर-भरकर खाएं व खिलाएं।

नोट : इन गोल गप्पों में दही वाली पकौड़ी भरकर नमक, मिर्च, मसाले, सोंठ और चटनी डालकर भी बिना पानी डाले खाया जाता है।

इन गोल गप्पों में उबले आलू, उबले चने, दही, सोंठ व मसाले भरकर बिना पानी डाले भी खाया जाता है।

आमलेट

पौष्टिक आमलेट सब्जियों वाला

विधि :

1. फ्राइंग पैन में मक्खन गर्म करें व आंच धीमी कर दें।
2. झागदार फेंटे अंडों में पालक, टमाटर, आलू, मटर, प्याज, हरी मिर्च, नमक तथा काली मिर्च डालकर दुबारा खूब अच्छी तरह मिलाएं।
3. गर्म फ्राइंग पैन में अंडा-मिश्रण डालें व पूरे पैन में खूब अच्छी तरह फैला दें।
4. फैले मिश्रण पर चीज बुरकें व ढक्कन लगाकर पकने दें।
5. ढक्कन उठाकर देखें कि निचला भाग सिंका है या नहीं। सिंक गया हो, तो पौनी व प्लेट की मदद से पूरा आमलेट एक साथ पलट लें, फिर ढक दें। थोड़ी देर पकने दें। उसके बाद उसे प्लेट में निकालकर सॉस व चटनी के साथ खाएं।

सामग्री :

खूब झागदार फेंटे हुए अंडे : 2
कटा पालक : आधी कटोरी
छोटा आलू (कद्दूकश किया हुआ) : 1
ताजा मटर : चौथाई कटोरी
छोटा टमाटर (बारीक कटा हुआ) : 1
बारीक कटा छोटा प्याज : 1
कद्दूकश किया हुआ चीज : 1 बड़ा चम्मच
बारीक कटी हरी मिर्च : 2
मक्खन : 1 बड़ा चम्मच
नमक : तीन चौथाई छोटा चम्मच

बॉल आमलेट

विधि :

1. अंडों के सफेद भाग को इतना फेंटें कि क्रीम जैसा सफेद मुलायम तथा फूला हुआ हो जाए।
2. फ्राइंग पैन आंच पर रखकर गर्म करें।
3. गर्म पैन में मक्खन डालें। जब मक्खन गर्म हो जाए, तो क्रीमी मिश्रण उसमें डालें व चम्मच से फैलाएं।
4. अंडों की पीली गोलियां थोड़ी-थोड़ी दूरी पर रखें व ढक्कन बंद करके धीमी आंच पर हल्का-सा पकाएं।
5. ढक्कन उठाएं। जब अंडा सेट हो जाए, तो नमक तथा काली मिर्च बुरकें व दोसे की तरह तह कर के दूसरी ओर से सेंकें। फिर प्लेट में निकालकर सर्व करें।

सामग्री :

अंडे (पीला व सफेद अलग-अलग करें) : 2
नमक : आधा छोटा चम्मच
काली मिर्च : चौथाई छोटा चम्मच
कद्दूकश की हुई चीज : चौथाई प्याला
मक्खन : 1 बड़ा चम्मच

नूडल आमलेट

सामग्री :

झागदार फेंटे हुए अंडे	: 2
बारीक कटी पत्तागोभी	: आधा प्याला
उबले नूडल	: 1 प्याला
छोटा बारीक कटा हुआ प्याज	: 1
कद्दूकश किया हुआ चीज	: आधा प्याला
बारीक कटी हरी मिर्चें	: 3-4
सिरका	: तीन चौथाई छोटा चम्मच
काली मिर्च	: आधा छोटा चम्मच
मक्खन	: डेढ़ बड़ा चम्मच
चिली व टमाटर सॉस	: आवश्यकता के अनुसार

विधि :

1. धीमी आंच पर ढक्कनदार फ्राइंग पैन में एक बड़ा चम्मच मक्खन गर्म करें।
2. अंडे को फेंटें व उसमें उबले नूडल, पत्तागोभी, प्याज, हरी मिर्च व सिरका डालकर रखें।
3. नमक तथा काली मिर्च डालकर खूब मिलाएं व गर्म तेल में छोड़ें। चीज डालें व चम्मच से पूरे पैन में फैलाकर ढक्कन बंद करें।
4. थोड़ा सिंक जाने पर पौनी की मदद से एक साथ एक ही बार में पूरा आमलेट उठाकर दूसरी तरफ से पकाएं। फिर ढक्कन से बंद कर दें।
5. बीच से दबाकर कच्चापन दूर करें।
6. चिली व टमाटर सॉस के साथ खाएं।

पोहा

मुरमुरा पोहा

सामग्री :

सफेद मुरमुरा	*: 2 कटोरी*
बारीक कटा बड़ा आलू	*: 1*
कच्चे मटर या मूंगफली	*: 1 कटोरी*
नीबू	*: आधा*
सरसों	*: चौथाई छोटा चम्मच*
करी पत्ता	*: 3-4*
टमाटर	*: 1*
नमक	*: आधा छोटा चम्मच*
हल्दी	*: चौथाई छोटा चम्मच*
लाल मिर्च	*: चौथाई छोटा चम्मच*
तेल/घी	*: आधा बड़ा चम्मच*
बारीक कटी हरी मिर्च व हरा धनिया	*: आधी कटोरी*

विधि :

1. मुरमुरा धोकर छलनी में डालें, ताकि उसका सारा पानी निकल जाए।
2. कड़ाही में तेल गर्म करें व सरसों तथा करी पत्ता चटकाएं।
3. नमक, मिर्च व हल्दी डालें तथा चौथाई कटोरी पानी के साथ मसाला पकाएं।
4. पके मसाले में आलू व मटर डालकर गलाएं तथा टमाटर डालकर भूनें।
5. तैयार मिश्रण में मुरमुरे डालकर अच्छी तरह से ऊपर-नीचे चलाएं।
6. यदि मटर के स्थान पर मूंगफली डालना चाहें, तो अंत में डालें।
7. हरी मिर्च व हरा धनिया डालें तथा नीबू का रस डालकर तुरत खाएं।

नोट: इसको बनाकर न रखें, क्योंकि मुरमुरे नरम पड़ जाएंगे, जो खाए जाने पर मजा नहीं देंगे।

चावल पोहा

सामग्री :

पोहा (चिवड़ा): डेढ़ कटोरी
बारीक कटा
बड़ा आलू : 1
मटर/मूंगफली: 1 प्याला
सरसों : चौथाई छोटा चम्मच
हल्दी : चौथाई छोटा चम्मच
लाल मिर्च : चौथाई छोटा चम्मच
नमक : तीन चौथाई छोटा चम्मच
नीबू : आधा
करी पत्ता : 3-4
तेल : आधा बड़ा चम्मच
बारीक कटी
हरी मिर्च : 3-4

विधि :

1. पोहा साफ करें, छानें तथा धोकर छलनी में रखें, ताकि सारा पानी निथर जाए।
2. कड़ाही में तेल डालें व गर्म करें।
3. सरसों व करी पत्ता डालकर कड़काएं।
4. आलू व मटर डालें, भूनें तथा मसाले डालकर भूनें। फिर पानी डालकर आलू गलने तक पकाएं। (मटर के स्थान पर हरा छोलिया भी डाल सकते हैं।)
5. लगभग भुने मिश्रण में धुला पोहा डालकर ऊपर-नीचे चलाएं।
6. मूंगफली अंत में डालें तथा हरी मिर्च मिलाएं।
7. नीबू का रस डालकर चटनी व सॉस के साथ खाएं।

साबूदाना पोहा

विधि :

1. साबूदाना साफ करें व पानी में भिगोकर 5 मिनट तक रखें। फिर पानी निकाल दें।
2. कड़ाही में तेल गर्म करें व सरसों चटकाएं। उसके बाद करी पत्ता डालें। प्याज, आलू व मटर डालकर भूनें।
3. जब प्याज गुलाबी हो जाए, तब उसमें नमक व लाल मिर्च डालें तथा पनीर व साबूदाना डालकर खूब चलाएं।
4. 2-3 मिनट तक ढक्कन लगाकर आंच पर रखें।
5. तैयार साबूदाना पोहे में चीज डालकर अच्छी तरह से मिलाएं।
6. सॉस के साथ गर्म-गर्म खाएं व खिलाएं।

सामग्री :

मोटा सफेद साबूदाना	*: 1 कटोरी*
कच्चा मटर	*: आधी कटोरी*
चौकोर टुकड़ों में कटा ताजा पनीर	*: आधी कटोरी*
टुकड़ों में कटा उबला आलू	*: 1*
बारीक चौकोर कटा मध्यम आकार का प्याज	*: 1*
सरसों	*: चौथाई छोटा चम्मच*
लाल मिर्च	*: चौथाई छोटा चम्मच*
करी पत्ते	*: 3-4*
कद्दूकश किया हुआ चीज	*: आधा प्याला*
तेल	*: आधा बड़ा चम्मच*
नमक	*: आवश्यकता के अनुसार*

लोफ

सब्ज आलू का लोफ

सामग्री :

बड़ा आलू (उबला व मसला)	*: आधा किलो*
कच्चा मटर	*: आधा प्याला*
भाप में गली नमकीन फूलगोभी	*: 1 प्याला*
बड़ा प्याज (छोटे टुकड़ों में कटा)	*: 1*
दरदरी कुटी-मूंगफली भुनी	*: 1 प्याला*
दरदरा कुटा-तला मखाना	*: चौथाई प्याला*
ताजा व मसला पनीर	*: आधा प्याला*
नमक	*: 1 छोटा चम्मच*
काली मिर्च	*: आधा छोटा चम्मच*
मक्खन	*: 1 बड़ा चम्मच*
तेल	*: आधा बड़ा चम्मच*
ब्रेड क्रम्स	*: आधा प्याला*

विधि :

1. उबले आलुओं में आधा छोटा चम्मच नमक व ब्रेड क्रम्स डालकर अच्छी तरह से मथें।
2. फूलगोभी, मटर, प्याज, कुटी मूंगफली, तला मखाना व पनीर एक डोंगे में डालें व अच्छी तरह मक्खन, नमक तथा काली मिर्च डालकर मिलाएं।
3. आलू की 1 सेंमी. मोटी गोल रोटी तेल लगाकर हल्का बेलें।
4. रोटी के अंदर सब्जी व मेवा-मिश्रण भरें। फिर रोटी का रोल बना लें।
5. एल्युमिनियम फॉइल में इस रोटी को रखें। तेल द्वारा ऊपर से ब्रशिंग करें व गर्म ओवन में 10 से 15 मिनट तक बेक करें।
6. उसे बाहर निकालें, रिंग्स काटें व खाएं।

स्वादिष्ट लोफ

सामग्री :

मैदा	: ढाई प्याले
घी (मोयन के लिए)	: 4 बड़े चम्मच
बर्फीला ठंडा पानी	: 6 बड़े चम्मच
नमक	: आधा छोटा चम्मच
काली मिर्च	: आधा छोटा चम्मच
चीज (कद्दूकश किया हुआ)	: आधा प्याला

भरावन-

उबले मसले आलू	: 3
कटे प्याज	: 2
कच्चा मटर	: 1 प्याला
कद्दूकश किया हुआ पनीर	: 1 प्याला
कटा पालक	: 1 प्याला
हरा धनिया व बारीक कटी हरी मिर्च	: आधा प्याला
कटा अदरक	: 1 बड़ा चम्मच
ताजे अनार के दाने (ऐच्छिक)	:1 प्याला
कद्दूकश किया हुआ चीज	: आधा प्याला
नमक	: आधा छोटा चम्मच
लाल मिर्च	: आधा छोटा चम्मच
काली मिर्च	: आधा छोटा चम्मच
अमचूर	: आधा छोटा चम्मच
तेल	: 1 बड़ा चम्मच

विधि:

1. मैदा में नमक, काली मिर्च तथा मोयन का घी डालें व मसलें।
2. चीज डालकर ठंडे पानी से गूंध लें।
3. गीले कपड़े से ढक कर रखें।

भरावन-

1. कड़ाही में एक बड़ा चम्मच तेल डालें व प्याज भूनें।
2. भुने प्याज में पालक डालें व पानी सूखने तक भूनें।
3. भुने पालक में आलू, मटर, पनीर, हरी मिर्च, हरा धनिया, अदरक व चीज डालें, अच्छी तरह से खूब भूनें। फिर सारे मसाले व नमक डालकर लुगदी तैयार करें।
4. तैयार मैदा को लंबे रूप में बेलें व मोटी बड़ी रोटी जैसी बना लें।
5. रोटी पर हल्का-सा मक्खन लगाएं व तैयार लुगदी बीचोबीच भर कर दोनों ओर से रोटी से लंबा लोफ तैयार करें।
6. बेकिंग ट्रे में चिकनाई लगाएं, फिर तैयार लोफ उसमें रखें।
7. मक्खन अथवा तेल से ब्रशिंग करें व पहले से गर्म ओवन में 15-20 मिनट तक बेक करें।
8. लोफ में सलाई डालकर देखें। यदि सलाई साफ बाहर आए, तो समझें कि लोफ तैयार हो गया।
9. उसे ओवन से बाहर निकालें व छल्ले काटकर सॉस के साथ खाएं।

रोल

पत्तागोभी रोल

सामग्री :

मध्यम आकार की पत्तागोभी बारीक कटा	*1*
बड़ा प्याज बारीक कटा	*1*
बड़ा टमाटर	*1*
पनीर (ताजा व मसला)	*1 कटोरी*
कद्दूकश किया हुआ चीज	*1 कटोरी*
नमक	*तीन चौथाई छोटा चम्मच*
काली मिर्च	*आधा छोटा चम्मच*
मैदा	*आधी कटोरी*
तेल	*आवश्यकता के अनुसार*
बारीक कटी हरी मिर्च	*3-4*

विधि :

1. पत्तागोभी के 6-7 बड़े पत्ते उतारकर शेष गोभी को बारीक-बारीक काट लें।
2. एक बड़ा चम्मच तेल कड़ाही में डालें व प्याज भून लें।
3. भुने प्याज में कटी पत्तागोभी व टमाटर डालें। नमक व काली मिर्च डालकर पकाएं तथा भूनकर सूखा लें।
4. इस पत्तागोभी में पनीर, चीज व हरी मिर्च डालकर मिलाएं।
5. पत्तों को फैला लें, थोड़ा-थोड़ा तैयार मिश्रण भरें व रोल कर किनारे मोड़ दें।
6. कड़ाही में तेल गर्म करें। उसके बाद मैदा घोले पानी के साथ व प्रत्येक रोल को मैदा में लपेट-लपेट कर गर्म तेल में तलें। इसे टमाटर सॉस के साथ खाएं।

ब्रेड रोल

विधि :

1. उबले आलुओं में मटर, कटे अंगूर, अनारदाना, काजू, किशमिश, मूंगफली, हरी मिर्च, हरा धनिया, नमक व काली मिर्च मिलाकर मिश्रण को मथें।
2. इस मिश्रण से एक समान 6-8 भाग बना लें।
3. ब्रेड स्लाइस के किनारे काट लें और पानी में भिगोएं। फिर दबाकर पानी निचोड़ें।
4. आलू-मिश्रण का एक भाग भरें। फिर उसे हथेलियों की मदद से रोल का आकार दें। जब इसी प्रकार सारे रोल तैयार हो जाएं, तो गर्म तेल में ब्रेड रोल तल लें।

सामग्री :

ब्रेड स्लाइस : 8
उबले आलू : 3
कच्चा मटर : आधी कटोरी
अनारदाना : चौथाई छोटा चम्मच
कटे हरे अंगूर : आधा प्याला
काजू व किशमिश : चौथाई प्याला
दरदरी भुनी मूंगफली : 1 बड़ा चम्मच
बारीक कटा हरा धनिया व हरी मिर्च : चौथाई कटोरी
नमक : 1 छोटा चम्मच
काली मिर्च : आधा छोटा चम्मच
तेल/घी : आवश्यकता के अनुसार

मलाई साबूदाना रोल

विधि :

1. आलुओं में पनीर, थोड़ा नमक, लाल मिर्च व हरा धनिया डालकर मथें।
2. साबूदाने को धोकर थोड़ी देर तक पानी में भिगोए रखें। उसका अधिक पानी निकाल दें।
3. साबूदाना तश्तरी में फैला लें।
4. मलाई व किशमिश को मिलाएं।
5. मथे आलू से छोटी-छोटी लोइयां तोड़ें। अपनी हथेली पर गोल करके चपटा करें व उसमें मलाई का मिश्रण भरें। फिर ध्यान से रोल को बांधें।
6. पूरे रोल को साबूदाने में रोल करें। जब सारे रोल बन जाएं, तो तेल गर्म करके गुलाबी-गुलाबी मलाई साबूदाना रोल तल लें।
7. टमाटर की चटनी व खट्टी हरी चटनी के साथ खाएं।

सामग्री :

आलू (उबले व मसले हुए) : 6
पनीर : आधा प्याला
साबूदाना : 1 प्याला
किशमिश : 6-7
ताजा गाढ़ी मलाई : 1 बड़ा चम्मच
नमक : आधा छोटा चम्मच
लाल मिर्च : आधा छोटा चम्मच
हरा धनिया (कटा हुआ) : 1 बड़ा चम्मच
तेल : आवश्यकता के अनुसार

उपमा

डबलरोटी उपमा

सामग्री :

स्लाइस ब्रेड	*: 6*
नरम मटर	*: 1 कटोरी*
पनीर (छोटे टुकड़े)	*: 1 कटोरी*
बारीक कटा बड़ा प्याज	*: 1*
चौकोर कटे उबले आलू	*: 2*
बारीक कटा बड़ा टमाटर	*: 1*
नमक	*: तीन चौथाई छोटा चम्मच*
काली मिर्च	*: आधा छोटा चम्मच*
तेल / घी	*: ढाई बड़े चम्मच*
बारीक कटी हरी मिर्च	*: 3-4*
चीज	*: आधा प्याला*

विधि :

1. डबलरोटी के स्लाइसों के छोटे चौकोर टुकड़े काट लें।
2. 2 बड़े चम्मच तेल गर्म करें। उसमें आलू के छोटे टुकड़े गुलाबी तल लें।
3. बचे घी में ब्रेड के टुकड़े डालकर जल्दी-जल्दी चलाकर तलें, ताकि वे डीप फ्राइ न हों।
4. शेष घी में प्याज भूनें। उसमें टमाटर डालें व पानी सूखने तक टमाटर भूनें।
5. इस मिश्रण में मटर, आलू, पनीर तथा ब्रेड का टुकड़ा डालकर खूब ऊपर-नीचे करें।
6. नमक, काली मिर्च व हरी मिर्च डालकर दुबारा अच्छी तरह से मिलाएं।
7. तैयार उपमा को तश्तरी में निकालें तथा ऊपर से कद्दूकश किया गया पनीर फैलाकर सर्व करें।

सूजी उपमा

सामग्री :

सूजी	*: डेढ़ कटोरी*
घी	*: 1 बड़ा चम्मच*
बारीक टुकड़ों में कटे बड़े आलू	*: 2*
कच्चे मटर अथवा तली मूंगफली	*: 1 प्याला*
बारीक कटी हरी मिर्च	*: 3-4*
उड़द दाल (धुली)	*: 1 छोटा चम्मच*
चना दाल	*: 1 छोटा चम्मच*
सरसों	*: चौथाई छोटा चम्मच*
करी पत्ता	*: 3-4*
लाल मिर्च	*: आधा छोटा चम्मच*
नमक	*: तीन चौथाई छोटा चम्मच*
हल्दी (ऐच्छिक)	*: चुटकीभर*

विधि :

1. सूजी साफ करें व बिना घी डाले कड़ाही में गुलाबी करें।
2. सूजी बाहर निकाल लें। फिर कड़ाही में घी डाल कर कड़काएं और दाल भून लें।
3. कड़कते घी में सरसों, करी पत्ता, आलू व मटर डालकर भूनें।
4. नमक, लाल मिर्च, हल्दी व पानी डालकर आलू गलने तक पकाएं।
5. आलू गल जाएं, तो सूजी डालकर जल्दी-जल्दी चलाएं। जब सूजी अच्छी तरह फूल जाए, तो हरी मिर्च व हरा धनिया बारीक काटकर डालें।
6. यदि मटर के स्थान पर मूंगफली डाल रहे हों, तो मूंगफली अंत में ही डालें।
7. हरी खट्टी चटनी व सॉस के साथ सर्व करें।

अंडा-ब्रेड उपमा

सामग्री :

अंडे	*: 4*
तेल	*: 1 बड़ा चम्मच*
चौकोर छोटे टुकड़ों में कटे स्लाइस ब्रेड	*: 4*
बारीक कटा बड़ा प्याज	*: 1*
बड़ा टमाटर (टुकड़ों में कटा हुआ)	*: 1*
ताज़ा मटर	*: आधी कटोरी*
उबला आलू (टुकड़ों में कटा)	*: 1*
नमक	*: 1 छोटा चम्मच*
काली मिर्च	*: आधा छोटा चम्मच*
बारीक कटी हरी मिर्चें	*: 3-4*
बारीक कटा हरा धनिया	*: आधी गुच्छी*

विधि :

1. कड़ाही में तेल गर्म करें व बारीक कटा प्याज डाल कर गुलाबी तलें।
2. भुने प्याज में टमाटर डालें व भूनें। जब टमाटर का पानी सूख जाए, तो मटर डालकर भूनते हुए गला लें।
3. आलू के टुकड़ों को भी डालकर भूनें।
4. अंडे फोड़कर डालें व जल्दी-ज़ल्दी चलाकर भूनें।
5. जब अंडा भुनकर तेल छोड़े, तब ब्रेड के टुकड़े डालकर खूब चलाएं और सारे मिश्रण को एकसार करें।
6. हरी मिर्च, हरा धनिया, काली मिर्च व नमक डालें तथा खूब चलाकर मजेदार स्वादिष्ट उपमा तैयार करें।

समोसा

अंडा समोसा

सामग्री :

छना मैदा	:	*2 प्याले*
घी (मोयन के लिए)	:	*4 बड़े चम्मच*
नमक	:	*1 छोटा चम्मच*
काली मिर्च	:	*आधा छोटा चम्मच*
अंडे	:	*4*
बारीक कटा बड़ा प्याज	:	*1*
बारीक कटा बड़ा टमाटर	:	*1*
बारीक कटा अदरक	:	*1 बड़ा चम्मच*
हरी मिर्च व हरा धनिया (कटा)	:	*आधा प्याला*
बादाम व काजू (बारीक कटे)	:	*चौथाई प्याला*
तेल (तलने के लिए)	:	*आवश्यकता के अनुसार*

विधि :

1. मैदे में नमक डालकर छानें।
2. मोयन का घी डालें व हाथ से मैदे को मसलें।
3. हल्के पानी के साथ मैदे को नरम गूंध लें व गीले कपड़े से ढकें।
4. प्याज को तेल में भूनें।
5. भूने प्यांज में टमाटर डालें व सूखा होने तक भूनें।
6. इसमें अंडे फोड़कर डालें व भुजिया बना लें।
7. अदरक, हरी मिर्च, हरा धनिया, बादाम, काजू, नमक तथा काली मिर्च डालें व मिलाएं।
8. गुंधे हुए मैदे से 5-6 लोइयां काटें।
9. प्रत्येक लोई को पतली पूरी की तरह बेलें।
10. प्रत्येक पूरी को चाकू से बीचोबीच काट लें।
11. प्रत्येक कटे भाग को उठाएं व कोन की तरह बना लें।
12. नीचे से तथा किनारे से दबाकर चिपका लें।
13. सारे कोनों में अंडे की भुजिया भरें व गीले मैदे से मुंह बंद करें।
14. गर्म तेल में अंडे के समोसे करारे-करारे तल लें।

समोसा आलू-मटर

सामग्री :

मैदा	:	2 प्याले
लाल मिर्च	:	आधा छोटा चम्मच
मोयन के लिए घी	:	4 बड़े चम्मच
नमक	:	1 छोटा चम्मच
अमचूर	:	1 छोटा चम्मच
ताजा कच्चा मटर	:	1 कटोरी
कटे काजू	:	चौथाई प्याला
मध्यम आकार के उबले आलू	:	4
बारीक कटा अदरक	:	1 छोटा चम्मच
बारीक कटी हरी मिर्च	:	3-4
तेल	:	आवश्यकता के अनुसार

विधि :

1. मैदा छानकर नमक मिलाकर मोयन का घी डालें और मसलें। फिर मध्यम गूंधकर गीले कपड़े से ढक दें।
2. कड़ाही गर्म करें व एक बड़ा चम्मच तेल डालें।
3. काजू गुलाबी तलकर बाहर निकालें।
4. बचे तेल में मटर, नमक व लाल मिर्च डालकर ढक दें तथा धीमी आंच पर पकाएं।
5. उसके पक जाने के बाद उबले आलू मसलकर उसमें डालें व अमचूर डालकर आलू तथा मटर को खूब भूनें।
6. तैयार पिट्ठी में तले काजू, हरी मिर्च व कटा अदरक मिलाएं।
7. गूंधे मैदे से 5-6 लोइयां बना लें। प्रत्येक लोई को बेलकर पतली पूरी का आकार दें।
8. प्रत्येक पूरी को चाकू से बीचोबीच काटकर दो बनाएं एवं कटे टुकड़े को कोन का आकार दें।
9. नीचे तथा किनारे से दबा दें व तैयार कोन में आलू-मटर का मिश्रण भरें।
10. थोड़े में एक चम्मच मैदा मिलाएं और उससे ऊपरी भाग दबाकर बंद करें।
11. गर्म तेल में समोसे को गुलाबी-गुलाबी तल लें। इसे इमली की सोंठ व खट्टी हरी चटनी के साथ खाएं व खिलाएं।

नोट : तलने के समय समोसा फटना नहीं चाहिए। यदि वह फट जाए, तो तुरत घी अथवा तेल को छानकर ही दुबारा उसका इस्तेमाल करें।

आटे के समोसे

सामग्री :

बड़ा प्याज	*: 1*
न्यूट्री का कीमा	*: 1 कटोरी*
हरा कच्चा मटर	*: आधी कटोरी*
नमक	*: डेढ़ छोटा चम्मच*
लाल मिर्च	*: आधा छोटा चम्मच*
गर्म मसाला	*: चुटकीभर*
तेल	*: आवश्यकता के अनुसार*
आटा	*: 4 कटोरी*
घी	*: 2 बड़ा चम्मच*
हरी मिर्च व हरा धनिया (कटा)	*: आधी कटोरी*

विधि :

1. प्याज लंबाई में काटें। डेढ़ छोटा चम्मच तेल में उसे भूनें।
2. भुने प्याज में न्यूट्री कीमा मिलाकर और भूनें।
3. डेढ़ कटोरी पानी, आधा छोटा चम्मच नमक तथा लाल मिर्च भी मिलाएं व पकने दें।
4. जब कीमा गल जाए, तो मटर मिलाकर खूब भूनें।
5. भुने मिश्रण को ठंडा करें।
6. उसमें हरी मिर्च और हरा धनिया मिलाएं तथा मिश्रण एकदम सूखा तैयार करें।
7. आटे में एक छोटा चम्मच नमक तथा मोयन का घी डालकर गूंधें।
8. गुंधे आटे से लोइयां बनाएं तथा रोटियां बेल लें।
9. बेली हुई रोटी से चौड़ी-चौड़ी पट्टियां काट लें।
10. प्रत्येक पट्टी के बीचोबीच न्यूट्री का भरावन भरें व पट्टी को इस प्रकार ऊपर-नीचे से मोड़ें कि भरावन दिखाई न दे।
11. जब सारी पट्टियां तैयार हो जाएं, तो गर्म तेल अथवा घी में समोसे करारे-करारे तल लें।

नोट : इसका भरावन आलू-मटर, मटर-पनीर आदि से भी बनाया जा सकता है।

अंकुरित मटर के समोसे

सामग्री :

समोसे के लिए –

मैदा	:	*2 प्याले*
घी	:	*4 बड़े चम्मच*
नमक	:	*आधा छोटा चम्मच*
घी	:	*आवश्यकता के अनुसार*

भरावन के लिए –

अंकुरित मटर	:	*1 प्याला*
उबला व कटा आलू	:	*1 बड़ा*
घी	:	*1 छोटा चम्मच*
जीरा	:	*चुटकीभर*
बारीक कटी हरी मिर्च	:	*3-4*
हरा धनिया (बारीक कटा)	:	*1 गुच्छी*
अमचूर	:	*1 छोटा चम्मच*
लाल मिर्च	:	*आधा छोटा चम्मच*
नमक	:	*तीन चौथाई छोटा चम्मच*

विधि :

1. कड़ाही में एक छोटा चम्मच घी डालकर जीरा चटकाएं।
2. अंकुरित मटर व कटे उबले आलू डालकर भूनें।
3. अच्छी तरह भुन जाने पर भरावन में हरी मिर्च, धनिया, अमचूर, नमक व लाल मिर्च मिलाएं। भरावन ठंडी होने दें।
4. मैदा छानें व नमक मिलाकर मोयन डालकर मसलें।
5. पानी के साथ मैदा गूंध लें व छोटी-छोटी लोइयां बना लें।
6. बारीक पूरी बेलें व चाकू से काटकर आधी करें।
7. एक भाग को हाथ से उठाकर कोन की शक्ल दें।
8. मटर की पिट्ठी भरें व किनारे पर पानी फिरी उंगली से दोनों भागों को बंद करें। तीन कोनों वाला समोसा तैयार है।
9. जब सारे समोसे बन जाएं, तो तेल गर्म करके उन्हें गुलाबी-गुलाबी करारे तल लें।

स्पेशल पनीरी मेवेदार समोसे

सामग्री :

भुरभुरा ताजा पनीर	*: 2 कटोरी*
मखाने (तले कुटे)	*: 1 कटोरी*
बादाम, काजू व किशमिश (मिले-जुले)	*: आधी कटोरी*
मलाई	*: आधी कटोरी*
मैदा	*: 2 कटोरी*
घी (मोयन के लिए)	*: 4 बड़े चम्मच*
नमक	*: 1 छोटा चम्मच*
काली मिर्च	*: आधा छोटा चम्मच*
तेल / घी	*: आवश्यकता के अनुसार*

विधि :

1. भुरभुरे पनीरी मिश्रण को बनाने के लिए पनीर, मखाने, मेवे, काली मिर्च तथा आधा छोटा चम्मच नमक खूब अच्छी तरह मिलाएं।
2. मैदा व नमक छानें तथा मोयन का घी डालकर पानी से मैदा गूंध लें।
3. 5-6 लोइयां बनाएं व पतली लंबी पूरियां बेलें।
4. उन्हें बीचोबीच चाकू से काटें।
5. अब मिश्रण में मलाई मिलाएं व उसे तैयार मैदे के कोने में भर दें।
6. किनारे वाले भाग को पानी से चिपकाकर बंद करें व कड़ाही में तेल गर्म करके स्पेशल समोसे तलें।

दाल भरे समोसे

सामग्री :

मैदा	*: 2 प्याले*
घी	*: 4 बड़े चम्मच*
नमक	*: 1 छोटा चम्मच*
भीगी व भुनी धुली मूंग दाल	*: 2 कटोरी*
लाल मिर्च	*: आधा छोटा चम्मच*
चाट मसाला	*: आधा छोटा चम्मच*
बारीक कटे बादाम	*: 1 बड़ा चम्मच*
अनारदाना	*: 1 छोटा चम्मच*
तेल	*: आवश्यकता के अनुसार*

विधि :

1. एकदम सूखी व अच्छी भुनी हुई दाल में सूखे मसाले को मिलाकर एकसार करें।
2. मैदा छानें व नमक मिलाकर, मोयन का घी डालकर नरम गूंध लें।
3. 7-8 लोइयां बनाएं व पतली लंबी रोटियां बेलें।
4. बीच से काटकर दो भाग करें।
5. दाल का सूखा भरावन भरें व समोसे बंद करें।
6. गर्म तेल में करारे-करारे समोसे तलें।

नोट : इन सूखे समोसों का आकार छोटा ही रखें।

टोस्ट

नूडल्स स्प्रेड टोस्ट

सामग्री :

उबले नूडल्स : 1 प्याला
पनीर (ताजा मसला हुआ) : आधा प्याला
पिसा लहसुन : 2 छोटा चम्मच
सोया सॉस : चौथाई छोटा चम्मच
कद्दूकश किया हुआ चीज : आधा प्याला
चिली सॉस : आधा छोटा चम्मच
टमाटर सॉस : आधा छोटा चम्मच
मक्खन : डेढ़ बड़ा चम्मच
स्लाइस ब्रेड : 4
नमक व काली मिर्च : 1 छोटा चम्मच

विधि :

1. आधा बड़ा चम्मच मक्खन गर्म करें।
2. उबले नूडल डालकर चिकना करें।
3. सोया सॉस, टमाटर सॉस, चिली सॉस व पिसा लहसुन नूडल्स के साथ मिलाएं।
4. चारों स्लाइस पर मक्खन लगाएं व तैयार नूडल बिछाएं।
5. चीज कद्दूकश करें व पनीर के साथ मिलाकर चारों स्लाइस पर बुरकें।
6. पहले से गर्म किए गए ओवन की ट्रे में मक्खन लगे नूडल्स स्प्रेड टोस्ट करारे होने तक बेक करें।
7. गर्म चाय या कॉफी या सूप के साथ कुरकुरे स्प्रेड टोस्ट खाएं।

मशरूम स्प्रेड टोस्ट

सामग्री :

बड़े सफेद मशरूम : 4-5
पनीर (ताजा मसला) : आधी कटोरी
बारीक कटा बड़ा प्याज : 1
टमाटर (छोटे टुकड़े में) : 1
मक्खन : 1 बड़ा चम्मच
नमक व काली मिर्च : आधा छोटा चम्मच
ब्रेड स्लाइस : 1

विधि :

1. एक बड़ा चम्मच मक्खन गर्म करें व उसमें प्याज भूनें।
2. भुने प्याज में कटे टमाटर डालें व पानी सूखने तक भूनें।
3. भुने टमाटर में मशरूम काटकर डालें व हल्का भूनें।
4. नमक व काली मिर्च डालें तथा आंच से उतार लें।
5. पनीर मिलाकर एकसार करें।
6. टोस्टों पर दोनों तरफ मक्खन लगाएं।
7. एक साइड को चिकनी ट्रे पर रखें व ऊपरी तरफ मशरूम पेस्ट लगाकर करारे होने तक बेक करें।

टमाटर स्प्रेड टोस्ट

सामग्री :

बड़े टमाटर (छोटे टुकड़ों में कटे)	: 3
बारीक कटा बड़ा प्याज	: 1
मैदा	: 1 बड़ा चम्मच
दूध	: 2 बड़े चम्मच
कद्दूकश किया हुआ चीज	: 2 बड़े चम्मच
नमक	: आधा छोटा चम्मच
काली मिर्च	: चौथाई छोटा चम्मच
हरा धनिया (कटा)	: 1 बड़ा चम्मच
स्लाइस ब्रेड	: 6
मक्खन	: 2 बड़े चम्मच

विधि :

1. एक बड़ा चम्मच मक्खन गर्म करें व उसमें कटे प्याज भूनें।
2. उसमें मैदा डालकर भूनें।
3. धीरे-धीरे दूध डालें व गाढ़ा घोल तैयार करें।
4. टमाटरों का रस डालकर गाढ़ा करें व पकाएं।
5. गाढ़ी लाल सॉस में चीज डालें व लेप अथवा पेस्ट बनाएं।
6. स्लाइस के दोनों ओर मक्खन लगाएं व एक ओर टमाटर स्प्रेड लगाकर नमक, काली मिर्च तथा हरा धनिया बुरकें।
7. पहले से गर्म किए गए ओवन में स्प्रेड लगे टोस्ट बनाएं।
8. गर्म चाय या सूप के साथ खाएं।

अंकुरित मूंग के टोस्ट

सामग्री :

डबलरोटी के स्लाइस	: 6
अंकुरित तैयार मूंग	: 1 कटोरी
चीज स्प्रेड	: आधी कटोरी
काली मिर्च	: आधा छोटा चम्मच
नमक	: आधा छोटा चम्मच
दरदरी भुनी मूंगफली	: 1 बड़ा चम्मच
मक्खन	: 1 बड़ा चम्मच

विधि :

1. प्रत्येक स्लाइस के एक ओर थोड़ा-सा मक्खन लगाएं।
2. ओवन गर्म करें व सूखी तरफ से स्लाइस बेकिंग-ट्रे में करारे होने तक रखें।
3. ओवन के अभाव में गर्म चिकने तवे पर भी स्लाइस करारे किए जा सकते हैं।
4. करारे स्लाइस बाहर निकालें व चीज स्प्रेड लगाएं।
5. तैयार अंकुरित मूंग स्लाइसों पर बिछाएं।
6. नमक, काली मिर्च व मूंगफली बुरकें, फिर तुरत सर्व करें।

अंडे के फ्रेंच टोस्ट

सामग्री :

फेंटे हुए अंडे	*: 6*
पिसी चीनी	*: 1 छोटा चम्मच*
दूध	*: आधा प्याला*
पिसा हुआ बादाम (ऐच्छिक)	*: 1 बड़ा चम्मच*
स्लाइस ब्रेड	*: 4-6*
तेल	*: आवश्यकता के अनुसार*

विधि :

1. फेंटे हुए अंडों में चीनी, नमक व काली मिर्च मिलाकर फेंटें।
2. धीरे-धीरे दूध व पिसा बादाम डालकर खूब फेंटें।
3. उसमें स्लाइस डुबो-डुबो कर (अच्छी तरह भिगो कर) फ्राइंग पैन में तेल में गुलाबी-गुलाबी तल लें व ब्राउन पेपर पर निकालते जाएं।
4. टमाटर सॉस व धनिये की खट्टी चटनी के साथ उसे खाएं।

विविध

भरवां बंस (बंद)

सामग्री :

बड़े बंस	*: 4*
मक्खन	*: 1 बड़ा चम्मच*
कद्दूकश किया पनीर	*: डेढ़ कटोरी*
लंबे कटे बड़े प्याज	*: 2*
बड़ा टमाटर (टुकड़ों में कटा हुआ)	*: 1*
मटर	*: आधी कटोरी*
हरी मिर्च व हरा धनिया (कटा)	*: चौथाई कटोरी*
तेल	*: आवश्यकता के अनुसार*
नमक	*: आवश्यकता के अनुसार*
काली मिर्च	*: आधा छोटा चम्मच*

विधि :

1. प्याज को एक बड़े चम्मच तेल में गुलाबी होने तक भूनें।
2. गुलाबी प्याज में कटा टमाटर डालें तथा भूनें। फिर मटर डालें व भूनें।
3. मटर सिंक जाए, तब पनीर डालकर भुजिया बना लें।
4. हरी मिर्च, हरा धनिया, काली मिर्च तथा नमक डालकर भुजिया को तैयार करें।
5. बंस का ऊपरी सिरा तेज चाकू से अलग करें व बीच का भाग बाहर निकालें।
6. प्रत्येक में ऐसा ही करें। प्रत्येक खाली बंस में मक्खन अंदर की ओर लगाएं व पनीर-मिश्रण भरें।
7. कटे सिरे पर मक्खन लगाकर ऊपर से उसका ढक्कननुमा टुकड़ा रख दें।
8. प्रत्येक बंस में तेल में रुई भिगोकर अथवा ब्रश से तेल चारों ओर अच्छी तरह से लगाएं।
9. बिजली अथवा गैस वाले ओवन में एक डिश में रखें व लगभग 10 मिनट बाद निकालें। करारे भरवां बंस तैयार है। इसे टमाटर सॉस के साथ खाएं व खिलाएं।

बर्गर

सामग्री :

बंद अथवा बंस : 4
आलू /पनीर की टिक्कियां : 4
बड़े प्याज के कटे छल्ले : 4
बड़े टमाटर के कटे छल्ले : 4
लकड़ी की सींकें : 4
टिशू पेपर : 4
तेल : आवश्यकता के अनुसार

विधि :

1. आलू को मसलकर उसमें नमक, मनचाहे मसाले, कटी हरी मिर्च व हरा धनिया डालें तथा गोल-गोल टिक्कियां बनाकर कड़ाही में तल लें। ब्राउन पेपर पर रखें।
2. इसी प्रकार पनीर को कद्दूकश करें। उसमें ब्रेड, नमक, मसाले, कटी हरी मिर्च व हरा धनिया मिलाकर गोल-गोल टिक्कियां तल लें।
3. प्रत्येक बंद को बीचोबीच से आधा काटें।
4. तवे पर दोनों भागों को थोड़े तेल में दबा-दबाकर सेंक लें तथा ब्राउन पेपर पर रखें।
5. जब सारे बंद सिंक जाएं, तो प्रत्येक दो भागों के बीच एक-एक टिक्की, एक-एक छल्ला प्याज व एक-एक छल्ला टमाटर का रखें।
6. टिशू पेपर में लपेटें तथा सींकें लगाकर सॉस के साथ सर्व करें।

ढोकला ब्रेड

सामग्री :

ढोकला ब्रेड के आकार में : 6-7 टुकड़े
चीज स्प्रेड : डेढ़ बड़ा चम्मच
हरी खट्टी चटनी : डेढ़ बड़ा चम्मच
टमाटर सॉस : डेढ़ बड़ा चम्मच
घी अथवा तेल: आधी कटोरी
नमक : 1 छोटा चम्मच
काली मिर्च : 1 छोटा चम्मच
स्लाइस ब्रेड : 6-7

विधि :

1. जितने ढोकला ब्रेड बनाने हों, उतने स्लाइस ब्रेड लें।
2. दो स्लाइस लें। दोनों पर हल्का-हल्का चीज स्प्रेड लगाएं।
3. एक टुकड़े पर टमाटर सॉस व दूसरे पर चटनी लगाएं।
4. एक के ऊपर उसी आकार का कटा ढोकला टुकड़ा रखें तथा दूसरे स्लाइस से दबाकर सैंडविच बनाएं।
5. प्रत्येक ढोकला ब्रेड को करारा सेंकें।
6. गर्म चाय या कॉफी या ठंडे शरबत या किसी भी अन्य पेय पदार्थ के साथ सर्व करें।

चटपटे फरे

सामग्री :

चने की दाल	:	*1 कटोरी*
गेहूं का आटा	:	*2 कटोरी*
जीरा	:	*चौथाई छोटा चम्मच*
हींग	:	*चुटकीभर*
लहसुन कली	:	*4*
अदरक का टुकड़ा	:	*आधा इंच*
हरी मिर्च	:	*3-4*
हरा धनिया (कटा हुआ)	:	*1 बड़ा चम्मच*
नमक	:	*1 छोटा चम्मच*
लाल मिर्च	:	*आधा छोटा चम्मच*
तेल / घी	:	*आवश्यकता के अनुसार*

विधि :

1. चने की दाल को रातभर भिगोकर रखें।
2. सवेरे उसे आधा छोटा चम्मच नमक, आधा छोटा चम्मच लाल मिर्च, हींग, अदरक, लहसुन तथा हरी मिर्च के साथ बारीक पीस लें।
3. गेहूं के आटे में आधा छोटा चम्मच नमक डालकर गूंध लें।
4. दाल-मिश्रण में कटा हरा धनिया मिला लें।
5. गूंधे आटे की छोटी-छोटी टिक्की बेल लें।
6. प्रत्येक टिक्की में 1-1 छोटा चम्मच दाल-मिश्रण भर कर मोड़ दें व चिपका दें।
7. प्रेशर कुकर में पानी उबालें व उसमें सारे फरे डाल दें। फरे पानी में अच्छी तरह डूबने चाहिए।
8. जब वे पक कर तैयार हो जाएं, तब उन्हें पानी से बाहर निकालकर छलनी में ठंडा करें।
9. ठंडे फरों के छोटे-छोटे गोल टुकड़े अथवा कतरे काट लें।
10. कड़ाही में तेल डालकर जीरा चटकाएं। फिर कटे फरे उसमें अच्छी तरह भून लें।
11. ऊपर से चाट मसाला, कटी हरी मिर्च व हरा धनिया डालकर गर्मागर्म फरे खाएं तथा मेहमानों को भी खिलाएं।

पाव भाजी

सामग्री :

पाव	: 4
प्याज (बारीक कटे हुए)	: 2
बड़ा टमाटर (कटा हुआ)	: 1
बड़े उबले आलू	: 2
तैयार गाढ़े छोले	: 1 कटोरी
छोटी पत्तागोभी	: 1
कटा हरा धनिया	: चौथाई कटोरी
शिमला मिर्च (कद्दूकश की हुई)	: 1
नमक	: 1 छोटा चम्मच
लाल मिर्च	: आधा छोटा चम्मच
पाव भाजी मसाला	: 2 बड़े चम्मच
हल्दी	: आधा छोटा चम्मच
चाट मसाला	: 1 छोटा चम्मच

विधि :

1. कड़ाही में 3 बड़े चम्मच मक्खन गर्म करें व कटे प्याज डालकर गुलाबी करें।
2. गुलाबी प्याज में नमक, हल्दी, मिर्च व पाव भाजी मसाला डालकर भूनें। फिर चौथाई कटोरी पानी डालकर मसाला पकाएं।
3. कटे टमाटर डालकर भूनें। शिमला मिर्च व पत्ता-गोभी को कद्दूकश करके उसमें डालें व पकाएं। तैयार सब्जी में उबले व मसले आलू डालकर मिलाएं तथा तैयार छोले डालकर पूरी-सब्जी तैयार करें।
4. चाट मसाला, हरी मिर्च व कटा हरा धनिया मिला कर थोड़ा-सा मक्खन मिलाकर भाजी तैयार कर लें।
5. पावों को आधा-आधा करें व तवे पर मक्खन डाल कर पावों को दोनों ओर से करारा सेंक लें। उन पर नीबू का रस डालकर तैयार भाजी परोसें।

खीरे की नाव में अंकुरित लोबिया

विधि :

1. खीरे का छिलका उतारकर आगे का लगभग आधा इंच भाग काट दें।
2. लंबाई के बल में 1 इंच लंबी फांक ऐसे बाहर निकालें कि दूसरी ओर से खीरे में छेद न हो।
3. गोल चम्मच से खीरे के सारे गूदे व बीज बाहर निकाल लें व उन्हें बारीक काट लें।
4. अंकुरित लोबिया को कुकर में डालकर तथा आधा छोटा चम्मच नमक मिलाकर भाप के ऊपर रखकर 5 मिनट तक पका लें।
5. ठंडा करें व एक बड़े डोंगे में लोबिया, खीरे के बीच का कटा भाग, अनारदाना, कटा पनीर, हरी मिर्च, शेष नमक व चाट मसाला मिलाएं।
6. खाने से ठीक पहले खाली खीरे की नावों को लोबिया मिश्रण से भरें। चीज व आलू के करारे चिप्स तोड़कर बुरकें।
7. नीबू का रस डालें व खाएं।

सामग्री :

हरे खीरे (बड़े)	*: 4*
अंकुरित लोबिया	*: 2 कटोरी*
लाल अनार के दाने	*: आधी कटोरी*
पनीर (छोटे टुकड़ों में कटा)	*: आधी कटोरी*
नमक	*: 1 छोटा चम्मच*
चाट मसाला	*: 1 छोटा चम्मच*
बड़ा नीबू	*: 1*
बारीक कटी हरी मिर्च	*: 3-4*
आलू के करारे चिप्स	*: 8-10*
कद्दूकश की हुई चीज	*: आधी कटोरी*

अंकुरित मोठ

सामग्री :

मोठ	: 2 प्याले
छोटा खीरा	: 1
बड़ा टमाटर	: 1
नीबू	: 1
चौकोर टुकड़ों में बारीक कटा	
बड़ा प्याज	: 1
बारीक कटी	
हरी मिर्च	: 3-4
बारीक कटा	
हरा धनिया	: चौथाई गुच्छी
बारीक कटा	
अदरक	: 1 बड़ा चम्मच
घी	: 1 छोटा चम्मच
नमक	: 1 छोटा चम्मच
लाल मिर्च	: आधा छोटा चम्मच
काला मसाला	: आधा छोटा चम्मच
जीरा	: चुटकीभर

विधि :

1. मोठ को चुन-धोकर पानी में डेढ़ दिन तक भिगोएं।
2. भीगे मोठ को 2 दिनों तक कपड़े में बांध कर ऊंची जगह पर लटका दें। बार-बार कपड़े पर पानी डालें, ताकि वह पोटली गीली रहे। बाद में मोठ अंकुरित हो जाएंगे।
3. कड़ाही में एक छोटा चम्मच घी डालें व गर्म घी में जीरा चटकाएं।
4. अंकुरित मोठ को छौंक दें व सारे सूखे मसाले डालकर उलटें-पुलटें।
5. खीरा, टमाटर, प्याज, हरी मिर्च, अदरक, नीबू का रस तथा हरा धनिया डालकर मिक्स करें, फिर खाएं।

अंकुरित मूंग बास्केट में

सामग्री :

मैदा	:	2 प्याले
घी	:	4 बड़े चम्मच
नमक	:	1 छोटा चम्मच
तेल	:	आवश्यकता के अनुसार
भरावन –		
अंकुरित मूंग	:	1 प्याला
उबले आलू के तले टुकड़े	:	आधा प्याला
बारीक कटी हरी मिर्च	:	3-4
बारीक कटा हरा धनिया	:	1 बड़ा चम्मच
बारीक कटा अदरक	:	आधा बड़ा चम्मच
नीबू	:	1
नमक	:	1 छोटा चम्मच
चाट मसाला	:	1 छोटा चम्मच

विधि :

1. मैदा व नमक छानें तथा उसमें मोयन का घी डालकर थोड़े पानी के साथ गूंध लें।
2. पतली, परंतु छोटी गोल पूरियां तल लें।
3. तेल गर्म करें।
4. कटोरी के बाहरी भाग पर पूरी चिपका दें, ताकि मैदा की शक्ल भी वैसी ही हो जाए।
5. गर्म घी अथवा तेल में कटोरी छोड़ दें। पूरी तल कर अपने-आप कटोरी को छोड़ देगी तथा बास्केट जैसी तैयार हो जाएगी।
6. इसी प्रकार गूंधे हुए मैदे से बास्केट तैयार कर लें।
7. सारे बास्केट उतार-उतारकर ब्राउन पेपर पर रखें। वह अतिरिक्त तेल सोख लेगा।
8. सारे बास्केटों को तश्तरी में लगाएं।
9. अंकुरित मूंग में सारे मसाले व अन्य सामग्री मिला कर नीबू का रस डालें व अच्छी तरह से उछालकर मिलाएं।
10. थोड़ी-थोड़ी चटपटी मूंग प्रत्येक बास्केट में भरें। पौष्टिक व सुंदर मूंग भरे बास्केट तैयार हैं।

खस्ता नमकीन तोहफे

सामग्री :

खट्टा दही	: *1 कटोरी*
मैदा	: *3 प्याले*
नमक	: *डेढ़ छोटा चम्मच*
घी	: *1 बड़ा चम्मच*
तिल (सफेद)	: *1 छोटा चम्मच*
कलौंजी	: *आधा छोटा चम्मच*
खाने वाला सोडा	: *चौथाई छोटा चम्मच*
पिसी चीनी	: *चौथाई छोटा चम्मच*

भरावन-

उबले व कटे बड़े आलू	: *3*
ताजा मटर	: *डेढ़ कटोरी*
जीरा	: *चुटकीभर*
मूंगफली (तली हुई)	: *आधी कटोरी*
मखाने (बारीक कटे तले)	: *चौथाई कटोरी*
हरी मिर्च (बारीक कटी हुई)	: *3-4*
घी /तेल	: *आवश्यकता के अनुसार*

विधि :

1. मैदा में नमक, सोडा व पिसी चीनी मिलाएं व मोयन का घी तथा दही डालकर पानी से मैदा गूंध लें।
2. भरावन बनाने के लिए एक बड़ा चम्मच घी डालें व जीरा कड़का कर मटर छौंकें। फिर नमक डालें व गलने दें। पानी सूखा लें।
3. उबले आलू, मखाने, हरी मिर्च तथा मूंगफली दाना डालकर मिश्रण तैयार करें। इस मिश्रण को इच्छानुसार मसाले मिलाकर चटपटा भी बना सकते हैं।
4. गूंधे आटे को दुबारा गूंधें व लोइयां तैयार करें।
5. पूरियों जैसी गोल-गोल बेल लें तथा बीचोबीच भरावन भरकर किनारे चिपका दें।
6. एक प्लेट अथवा तश्तरी में कलौंजी व तिल फैला लें।
7. प्रत्येक तोहफे के ऊपर 2-2, 4-4 तिल व कलौंजी चिपकाकर गर्म तेल में तल लें।
8. इन्हें गर्म ओवन में बेक भी किया जा सकता है।
9. गर्म-गर्म तोहफे खट्टी चटनी अथवा सॉस के साथ खाएं।

नोट: यदि तोहफों को बेक करना हो, तो प्रत्येक तोहफे पर ब्रश से तेल अवश्य लगा दें।

पौष्टिक चबेना चटपटा

सामग्री :

साबूत मूंग	: 1 कटोरी
मोठ	: 1 कटोरी
काले चने	: 1 कटोरी
काबुली चने	: 1 कटोरी
हरा धनिया, हरी मिर्च व बारीक कटा अदरक	: चौथाई कटोरी
उबले व कटे आलू	: आधी कटोरी
नीबू	: 2
नमक	: आधा छोटा चम्मच
लाल मिर्च	: आधा छोटा चम्मच
टमाटर (टुकड़ों में कटा)	: 1
जीरा	: चौथाई छोटा चम्मच
तेल	: 1 बड़ा चम्मच

विधि :

1. कड़ाही में तेल गर्म करें।
2. जीरा डालें व चटकने पर आंच धीमी करके मूंग, मोठ तथा काले व काबुली चने डालकर थोड़ी देर तक उलटें-पुलटें।
3. आंच धीमी करें व सूखे मसाले, अदरक, हरी मिर्च, हरा धनिया, आलू तथा टमाटर डालें।
4. नीबू का रस डालकर अच्छी तरह से मिलाएं।

नोट: इस पौष्टिक चबेने को अंकुरित करके भी इसी विधि से बनाया जा सकता है। अंकुरित होने के बाद पौष्टिकता और भी बढ़ जाती है।

शाकाहारी सीख कबाब

सामग्री :

मध्यम आकार के उबले आलू	:	*4*
ताजा मसला पनीर	:	*1 कटोरी*
उबले जिमीकंद का कस	:	*2 कटोरी*
बारीक कटा अदरक, हरी मिर्च व हरा धनिया	:	*चौथाई कटोरी*
नमक	:	*तीन चौथाई छोटा चम्मच*
लाल मिर्च	:	*आधा छोटा चम्मच*
काला मसाला	:	*आधा छोटा चम्मच*
चाट मसाला	:	*आधा छोटा चम्मच*
तेल	:	*आवश्यकता के अनुसार*
डबलरोटी के टुकड़े	:	*आवश्यकता के अनुसार*

विधि :

1. उबले आलू में उबला जिमीकंद, पनीर, बारीक कटी सामग्री तथा सारे मसाले मिलाकर अच्छी तरह से मथें।
2. यदि मिश्रण न बंधे, तो डबलरोटी के टुकड़े को पानी में डुबोएं, पानी निकालें तथा बुरककर इस मिश्रण में मिला लें।
3. तेल लगे हाथों से गोल-गोल पेड़ियां बनाएं।
4. उन्हें चपटा करें व लोहे की सीखों अथवा छड़ों पर तेल लगाकर उन पर उन्हें चिपका दें।
5. ग्रिल हो, तो थोड़ा-थोड़ा तेल डालकर ग्रिल करें, अन्यथा धीरे-धीरे सीखों को खींच लें व सीख कबाब गर्म तेल में तलकर चटनी के साथ खाएं।

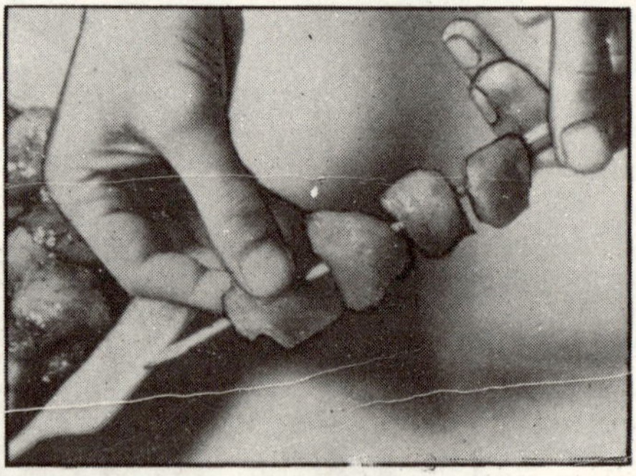

माल पूड़े (खोयादार पूड़े)

सामग्री :

गेहूं का आटा	: 1 प्याला
चीनी	: आधा प्याला
दूध	: ढाई प्याला
हरी इलायची का पाउडर	: 3-4
पिसी सौंफ	: आधा छोटा चम्मच
बेकिंग पाउडर	: चुटकीभर
मीठा मसला हुआ खोया	: आधा प्याला
घी/तेल	: आवश्यकता के अनुसार

विधि :

1. पिसी सौंफ, इलायची व बेकिंग पाउडर आटे में मिलाएं।
2. दूध डालते व घोलते जाएं। यदि चाहें, तो दूध की मात्रा और भी बढ़ा सकते हैं।
3. चीनी डालें व थोड़ा-सा घोलकर रखें। थोड़ी देर बाद चीनी पूरी तरह से घुल जाएगी और सारा मिश्रण अथवा घोल एकरूप हो जाएगा।
4. तवे पर तेल गर्म करें।
5. बड़ा चम्मच भरा घोल बीचोबीच डालें व चम्मच से फैलाएं।
6. ऊपर से थोड़ा खोया बुरकें व पूड़े को दोनों ओर से गुलाबी-गुलाबी सेंक लें।
7. गर्म-गर्म पूड़े परोसें।

छोले व भटूरे

सामग्री :

छोले के लिए-

काबुली चना	: आधा किलो
चाय की पत्ती	: 2 बड़े चम्मच
खाने वाला सोडा	: आधा छोटा चम्मच
नमक	: 1 छोटा चम्मच
लाल मिर्च	: 1 छोटा चम्मच
अनारदाना	: 1 छोटा चम्मच
इमली का पानी	: आधा प्याला
घी	: 2 बड़े चम्मच
बड़ा प्याज	: 1
हरी मिर्च	: 4
हरा धनिया	: 10 ग्राम
जीरा	: 1 चम्मच

विधि : छोले हेतु -

1. छोलों को चुन व धोकर रात भर नमक के साथ भिगो दें।
2. सवेरे उनमें सोडा व नमक डालें तथा कुकर आंच पर रखें।
3. एक कपड़े की पोटली में चाय की पत्ती बांधकर कुकर में डाल दें।
4. छोलों को ठीक से गलने तक उबालें।
5. कुकर में से पोटली बाहर निकालकर उबले छोले चलाएं।
6. नमकीन छोलों में लाल मिर्च, अनारदाना व आवश्यकता के अनुसार नमक डालकर चलाएं।
7. तड़का तैयार करें व उसमें जीरा, लाल मिर्च व चाट

चाट मसाला	:	*1 चम्मच*
भटूरे के लिए -		
मैदा	:	*4 प्याले*
नमक	:	*1 छोटा चम्मच*
खाने वाला सोडा	:	*1 छोटा चम्मच*
चीनी	:	*1 छोटा चम्मच*
मोयन के लिए घी	:	*आधा प्याला*
मथा हुआ खट्टा दही	:	*1 प्याला*
तिल	:	*1 छोटा चम्मच*
कलौंजी	:	*1 छोटा चम्मच*
तेल	:	*आवश्यकता के अनुसार*
भरने हेतु उबले व मसले आलू अथवा पनीर	:	*आवश्यकता के अनुसार*

मसाला डालकर छोलों के ऊपर डालें।

8. इमली का पानी डालकर छोले तैयार करें।
9. कटी हुई हरी मिर्च, हरा धनिया व प्याज डालें। आवश्यक समझें, तो नीबू का रस डालकर खट्टे छोले बनाएं।

भटूरे हेतु –

1. मैदे में नमक व सोडा डालकर छानें। उसमें बीचोबीच गहरा गड्ढा बनाकर चीनी, दही व घी डालें, फिर कुनकुने पानी से गूंधकर खमीर उठने के लिए रखें।
2. तेल गर्म करें।
3. मैदा से लोइयां तोड़ें व हाथ से बढ़ाएं। उसमें आलू अथवा पनीर भरें। बिना भरे भी भटूरे तैयार कर सकते हैं। यदि हाथ से बढ़ाना मुश्किल लगे, तो दो प्लास्टिक पेपरों के बीच लोई रखकर बेलें।
4. बेली हुई लोई पर तिल व कलौंजी चिपकाएं।
5. गर्म घी में गोल अथवा अंडाकार भटूरे छोड़ें।
6. छलनी से दबा-दबाकर उसे फुलाएं व गुलाबी रंग आने से पहले उसे उतार लें।
7. गर्मागर्म भटूरे लजीज छोलों के साथ खाएं व खिलाएं।

नोट : 1. प्याज भूनकर या बिना पत्ती डाले भी छोले बनाए जा सकते हैं।

2. अगर छोले को अधिक चटपटे बनाना हो, तो उसमें चाट मसाला, पीली मिर्चें, काला मसाला आदि डाल सकते हैं।

3. गर्मियों में तो 4-5 घंटे में खमीरी मैदा तैयार हो जाता है। सर्दियों में यदि रात में गूंधकर रख दें, तो अगले दिन नाश्ते के समय खूब खमीरी मैदा मिलेगा।

सादा बड़ा सांभर

सामग्री :

बड़ा के लिए –

धुली उड़द की दाल की पिट्ठी : 2 कटोरी
कटा अदरक : 1 बड़ा चम्मच
कटी हरी मिर्च : 4
हींग (पिसी) : चुटकीभर
बड़ा प्याज (बारीक चौकोर कटा हुआ) : 1
नमक : तीन चौथाई छोटा चम्मच
लाल मिर्च : आधा छोटा चम्मच
तेल : आवश्यकता के अनुसार

सांभर के लिए –

अरहर की दाल : 2 कटोरी
इमली का पानी : आधी कटोरी
नमक : 1 छोटा चम्मच
हल्दी : चौथाई छोटा चम्मच
लाल मिर्च : आधा छोटा चम्मच
फूलगोभी, प्याज, भिंडी, काशीफल, बैगन व टमाटर (कटा हुआ) : डेढ़ कटोरी
सरसों : चौथाई छोटा चम्मच
करी पत्ता : 3-4
सांभर पाउडर : 2 बड़े चम्मच
तेल/घी (छौंक के लिए) : 1 बड़ा चम्मच
लाल मिर्च : 1 बड़ी

विधि :

बड़ा –

1. दाल की पिट्ठी में पिसी हींग, नमक व लाल मिर्च डालकर खूब फेंटें।
2. इस दाल में अदरक, हरी मिर्च व प्याज मिलाएं।
3. तेल गर्म करें।
4. गीली हथेली पर पिट्ठी उठाएं, गीले हाथ से थपथपा कर थोड़ा चपटा करें व उंगली से बीचो-बीच छेद करें।
5. गर्म घी में उसे छोड़ें व धीमी आंच पर गुलाबी-गुलाबी थोड़े मोटे बड़े तल लें।
6. सारे बड़े निकालकर ब्राउन पेपर पर रखते जाएं।

सांभर -

1. दाल को धोकर नमक, हल्दी, लाल मिर्च व सांभर पाउडर डालकर तथा पानी डालकर आंच पर पकने के लिए रखें। पानी ज्यादा ही रखें।
2. जब दाल गल जाए, तो कुकर का ढक्कन खोलकर सारी सब्जियां छोटे-छोटे टुकड़ों में काट और धो कर तैयार दाल में डालें तथा पकने दें।
3. जब सब्जियां पक जाएं, तो इमली का पानी डालें व पकाएं।
4. छौंक तैयार करें। छोटी कटोरी में तेल अथवा घी लें व कड़काएं।
5. लाल मिर्च का तड़का लगाएं। सरसों दाना व करी पत्ता डालें। उसके चटकने पर तैयार सांभर में छौंक लगाएं।
6. गर्मागर्म सांभर के साथ जायकेदार सादा बड़े खाएं।

छोटी पूरी हलवा

सामग्री :

पूरी के लिए –

मैदा	*: 1 कटोरी*
सूजी	*: 1 कटोरी*
मोयन के लिए	
घी	*: 4 बड़े चम्मच*
अजवायन	*: आधा छोटा चम्मच*
नमक	*: तीन चौथाई छोटा चम्मच*
तेल	*: आवश्यकता के अनुसार*

हलवे के लिए –

सूजी	*: 1 कटोरी*
चीनी	*: तीन चौथाई कटोरी*
देसी घी	*: तीन चौथाई कटोरी*
हरी इलायची का पाउडर	*: तीन चौथाई छोटा चम्मच*
किशमिश व बादाम	*: 10 दाने*
कसा हुआ नारियल	*: चौथाई कटोरी*
पानी	*: आवश्यकता के अनुसार*

विधि :

छोटी पूरी –

1. मैदा व सूजी को छानें। उसमें नमक व अजवायन मिलाएं।
2. मोयन का घी डालकर मैदा को गूंध लें।
3. लोइयां तोड़ें व मध्यम मोटाई की पूरी से थोड़ी छोटी पूरियां कटोरी की सहायता से काट लें। इससे एक ही आकार की छोटी पूरियां तैयार होंगी।
4. गर्म तेल में गुलाबी-गुलाबी पूरियां फूली-फूली तल लें।

हलवा –

1. कड़ाही में देसी घी डालें व इलायची पाउडर डाल कर कड़काएं।
2. सूजी डालें व गुलाबी-गुलाबी भून लें।
3. लगभग 3 गुना पानी व किशमिश डालकर चलाएं।
4. थोड़ा गाढ़ा होने पर चीनी डालें व खिला-खिला हलवा भून लें।
5. कसा नारियल व कटे बादाम डालें।
6. छोटी पूरी में एक तरफ उंगली से छेद करें व उसमें हलवा भरें तथा नाश्ते का पूरा आनंद उठाएं।

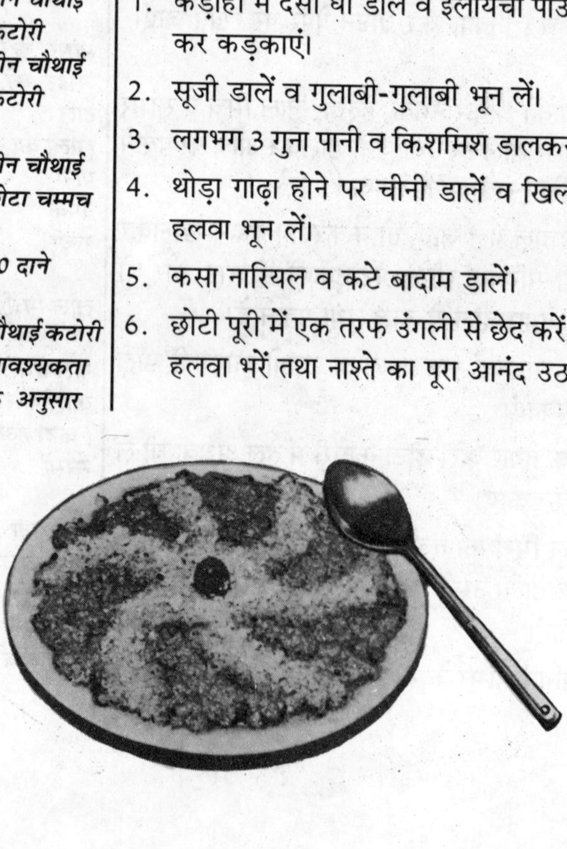

पाव मेवा-बड़ा रसम के साथ

सामग्री :

उड़द की धुली दाल	*: 2 कटोरी*
पिसी हींग	*: चुटकीभर*
मध्यम प्याज (बारीक चौकोर कटे)	*: 2*
बारीक कटी हरी मिर्च	*: 3-4*
बारीक कटा अदरक	*: 1 इंच का टुकड़ा*
नमक	*: तीन चौथाई छोटा चम्मच*
लाल मिर्च	*: आधा छोटा चम्मच*
नारियल, काजू, बादाम तथा चिरौंजी	*: 1 कटोरी*
तेल	*: आवश्यकता के अनुसार*

रसम के लिए –

दही/छाछ	*: 4 प्याले*
मैदा घोल	*: आधा प्याला*
हरी व लाल मिर्च	*: 3-4*
सरसों दाना	*: आधा छोटा चम्मच*
करी पत्ता	*: 3-4*
नमक	*: आधा छोटा चम्मच*
लाल मिर्च	*: आधा छोटा चम्मच*

विधि :

1. पिसी पिट्ठी में हींग, नमक, लाल मिर्च, अदरक, प्याज, हरी मिर्च व बारीक कटे मेवे मिलाएं।
2. तेल गर्म करें व बड़े उतार लें।
3. करारे-करारे पाव में बीच से चीरा लगाएं व पूरा मेवा बड़ा रखें।
4. पाव को मैदा घोल में डुबोकर मक्खन अथवा तेल लगे सैंडविच मेकर में रखकर पाव बड़ा सेंक लें।
5. जब सारे पाव बड़े तैयार हो जाएं, तो चाकू से उनके चार भाग करें।
6. छौंक तैयार करके दही/छाछ को छौंक दें व पाव मेवा-बड़े के साथ खाएं।

उत्तपम

सामग्री :

चावल	: 2 कटोरी
उड़द की दाल (धुली)	: 1 कटोरी
नमक	: 1 छोटा चम्मच
लाल मिर्च	: आधा छोटा चम्मच
बारीक चौकोर कटा हुआ प्याज	: 1 बड़ा
बारीक कटी हरी मिर्च	: 3-4
बारीक पिसी हुई हींग	: चुटकीभर
तेल	: आवश्यकता के अनुसार

नारियल की चटनी के लिए –

कच्चा ताजा नारियल	: आधा
भुना काबुली चना	: आधी कटोरी
दही	: 1 कटोरी
नमक	: तीन चौथाई छोटा चम्मच
लहसुन कली	: 3-4
लाल सूखी मिर्च	: 1
सरसों दाना	: चौथाई छोटा चम्मच
करी पत्ता	: 3-4
लाल मिर्च	: चौथाई छोटा चम्मच
तेल	: 2 बड़ा चम्मच

विधि :

1. चुनी हुई दाल व चावल को रात में धोकर भिगो दें।
2. सवेरे हींग डालकर दोनों को पीस लें।
3. आपस में मिलाएं व नमक तथा लाल मिर्च डालकर खूब फेंटें।
4. तवा गर्म करें व तेल डालें।
5. गर्म तवे पर दो बड़े चम्मच मिश्रण डालें व कटोरी से जल्दी-जल्दी थोड़ा मोटा फैलाएं।
6. प्याज व हरी मिर्च डालें। बीच-बीच में तेल छोड़कर दोनों ओर से उत्तपम सेंक लें।

नारियल चटनी –

1. नारियल के छोटे-छोटे टुकड़े कर लें अथवा उसको कद्दूकश करें।
2. मिक्सी में दही, नारियल के टुकड़े, भुना दरदरा चना, लहसुन, नमक तथा पिसी लाल मिर्च डालें व मिक्सी चलाकर नारियल की चटनी तैयार करें।
3. छौंक के लिए तेल गर्म करें, लाल मिर्च चटकाएं, सरसों दाना व करी पत्ता डालें तथा चटकने पर चटनी को छौंक दें।
4. जायकेदार नारियल की चटनी के साथ स्वादिष्ट उत्तपम खाएं।

अंडे के फिफ्टी-फिफ्टी

सामग्री :

अंडे	:	*8*
नमक	:	*आधा छोटा चम्मच*
काली मिर्च	:	*चौथाई छोटा चम्मच*
दूध	:	*आधा प्याला*
मलाई	:	*1 बड़ा चम्मच*
मसला हुआ ताजा पनीर	:	*चौथाई प्याला*
मक्खन	:	*आधा बड़ा चम्मच*
स्लाइस ब्रेड	:	*8*

विधि :

1. फ्राइंग पैन में मक्खन गर्म करें, उसमें अंडे फोड़ कर डालें व भूनें।
2. दूध डालें व गाढ़ी रबड़ी जैसी बनाएं।
3. मलाई डालें व मिलाएं।
4. नमक व काली मिर्च डालें। गाढ़ी रबड़ी में पनीर डालकर अच्छी तरह से मिलाएं।
5. शेष अंडों को फोड़कर फेंट लें।
6. स्लाइस के किनारे निकाल दें। तैयार मिश्रण स्लाइसों पर पेस्ट की तरह अच्छी तरह से लगाएं।
7. सैंडविच मेकर में उसे तेल लगाएं। फिर उसके दोनों भागों पर सैंडविच रखें। ऊपर से फेंटा हुआ अंडा थोड़ा-थोड़ा डालें व सेंकें।
8. इस जायकेदार मलाई अंडा फिफ्टी-फिफ्टी को खुद खाएं तथा मेहमानों को भी खिलाएं।

सब्जियों के दही बड़े

सामग्री :

मटर	*: ढाई कटोरी*
कद्दूकश की हुई गाजर	*: 1 कटोरी*
कद्दूकश की हुई फूलगोभी	*: 1 कटोरी*
बेसन	*: डेढ़ कटोरी*
हरी मिर्च (कटी)	*: चौथाई कटोरी*
नमक	*: डेढ़ छोटा चम्मच*
लाल मिर्च	*: डेढ़ छोटा चम्मच*
भुना-पिसा जीरा	*: आधा छोटा चम्मच*
गाढ़ा, जमा व छना हुआ दही, सोंठ व चटनियां	*: इच्छानुसार*
तेल	*: आवश्यकता के अनुसार*

विधि :

1. मटर को सिल पर दरदरा पीस लें।
2. एक परात में पिसा मटर, गाजर, फूलगोभी तथा हरी मिर्च लें।
3. थोड़ा नमक, लाल मिर्च, बेसन व थोड़े पानी के साथ मिलाकर पिट्ठी तैयार करें।
4. उसे गोल आकार देकर सारी पिट्ठी के बड़े तेल में तल लें।
5. दही में नमक मिलाएं व सब्जियों से बने दही बड़े तैयार करें।
6. कटा हरा धनिया, पिसा जीरा व थोड़ी लाल मिर्च डालकर मेहमानों के आगे पेश करें।

दाल वाले चीले

सामग्री :

पिसी दाल (मूंग धुली)	: *2 कटोरी*
नमक	: *तीन चौथाई छोटा चम्मच*
लाल मिर्च	: *आधा छोटा चम्मच*
पिसी हींग	: *चुटकीभर*
तेल	: *आवश्यकता के अनुसार*

भरने के लिए

बारीक कटा प्याज	: *1 बड़ा चम्मच*
अथवा	
बारीक कटा हरा धनिया	: *एक बड़ा चम्मच*
बारीक कटी हरी मिर्च	: *आधा बड़ा चम्मच*
हरी खट्टी चटनी	: *आवश्यकता के अनुसार*

विधि :

1. पिसी दाल में हींग, नमक व मिर्च मिलाकर खूब फेंटें।
2. तवे पर घी डालें। जब वह गर्म हो जाए, तब एक बड़ा चम्मच पिसी दाल भरकर तवे पर डालें व फैलाएं।
3. ऊपर से थोड़ा-थोड़ा घी अथवा तेल छोड़ें व मंद आंच पर चीले उतारें।
4. यदि आपने दाल में हरी खट्टी चटनी मिलाई हो, तो टमाटर सॉस के साथ खाएं। यदि प्याज, हरी मिर्च व हरा धनिया मिलाया हो, तो किसी भी चटनी व सॉस के साथ खाया जा सकता है।

अंडे व मटर की इडली

सामग्री :

मटर	*: 1 प्याला*
ब्रेड क्रम्स	*: 1 प्याला*
अंडे	*: 3*
मक्खन	*: 100 ग्राम*
छोटा प्याज	*: 1*
दूध	*: आधा प्याला*
पानी	*: 3 बड़े चम्मच*
पिसी चीनी	*: 1 छोटा चम्मच*
मैदा	*: 1 बड़ा चम्मच*
हरी मिर्च	*: 2*
हरा धनिया व पिसा हुआ पुदीना	*: चौथाई प्याला*
नीबू	*: 1*
नमक	*: डेढ़ छोटा चम्मच*
लाल मिर्च	*: आधा छोटा चम्मच*

विधि :

1. ओवन में रखने वाली बिस्कुट ट्रे को (उसके अभाव में इडली के सांचे को) चिकना करें।
2. ब्रेड क्रम्स थोड़े-थोड़े फैलाएं।
3. एक पैन में 30 ग्राम मक्खन गर्म करें व बारीक कटा प्याज डालकर गुलाबी भूनें।
4. मटर के दाने, आधा छोटा चम्मच नमक, चीनी तथा पानी डालकर मटर गलने तक पकाएं। फिर उसे ठंडा करके मिक्सी में पीस लें।
5. एक अलग बर्तन में लगभग 50 ग्राम मक्खन गर्म करें व मैदा डालकर भूनें।
6. गुलाबी हुए मैदा में दूध डालकर गाढ़ा होने तक धीमी आँच पर पकाएं।
7. नमक व काली मिर्च डालें तथा तैयार सॉस में अंडों का पीला भाग फेंटकर मिलाएं।
8. मटर-मिश्रण, धनिया तथा पुदीना डालकर अच्छी तरह एकसार करें।
9. अंडों की सफेदी को झागदार होने तक खूब फेंटें व संपूर्ण मिश्रण में धीरे-धीरे फोल्ड करें।

9\. इस मिश्रण को चम्मच से भर-भरकर सांचे में डालें तथा भाप में पकाएं अथवा ओवन में बेक करें।

10\. इन मजेदार इडलियों को चीज मिली सॉस के साथ खाएं व खिलाएं।

लुचई आलू

विधि : **आलू की सब्जी** -

1. कड़ाही में बड़ा चम्मच तेल गर्म करें व चुटकीभर जीरा डालकर चटकाएं।
2. उसमें हल्दी, मिर्च व नमक डालें। थोड़े पानी के साथ मसाला भूनें।
3. आलुओं को अच्छी तरह धोकर छिलके समेत ही उसके 6 से 8 टुकड़े (यदि आलू छोटे हों, तो 4 टुकड़े) करके मसाले में डालें।
4. खूब भूनें व चौथाई कटोरी पानी के साथ आलू गलाएं।
5. पानी सुखाकर खूब भूनें। फिर टमाटर के मोटे टुकड़े, हरी मिर्चें (साबूत), हरा धनिया तथा अमचूर डालकर करारा भूनें।

लुचई -

1. मैदा छानें व नमक तथा मोयन का घी डालकर मैदा गूंध लें।
2. छोटी-छोटी लोइयां तोड़ें व पेड़ी बनाएं।
3. पूरी से थोड़ी छोटी ही बेलें।
4. गर्म तेल में फूली-फूली सफेद लुचई तलते जाएं।
5. गर्म-गर्म लुचई को आलू की सब्जी के साथ खाएं।

सामग्री :

आलू की सब्जी -

आलू	:	*आधा किलो*
बड़ा टमाटर	:	*1*
जीरा	:	*चुटकीभर*
नमक	:	*1 छोटा चम्मच*
अमचूर	:	*1 छोटा चम्मच*
लाल मिर्च	:	*आधा छोटा चम्मच*
हल्दी	:	*चुटकीभर*
हरी मिर्च	:	*आवश्यकता के अनुसार*
बारीक कटा हरा धनिया	:	*आवश्यकता के अनुसार*
तेल	:	*1 बड़ा चम्मच*

लुचई-

मैदा	:	*आधा किलो*
नमक	:	*1 छोटा चम्मच*
मोयन के लिए घी	:	*2 बड़े चम्मच*
पानी	:	*आवश्यकता के अनुसार*
तेल	:	*आवश्यकता के अनुसार*

बेढ़वी आलू

सामग्री :

आलू सब्जी–

आलू : आधा किलो

लाल मिर्च : 1

मेथीदाना : चौथाई छोटा चम्मच

नमक : 1 छोटा चम्मच

हल्दी : आधा छोटा चम्मच

लाल मिर्च : आधा छोटा चम्मच

धनिया पाउडर : 1 छोटा चम्मच

बड़ा टमाटर (ऐच्छिक) : 1

हरी मिर्च व हरा धनिया (कटा हुआ) : आधी कटोरी

तेल : 1 बड़ा चम्मच

बेढ़वी –

नमक लगाकर गूंधा आटा : आवश्यकता के अनुसार

उड़द की दाल की पिट्ठी : 1 कटोरी
(अदरक, हरी मिर्च व हींग समेत)

नमक : आधा छोटा चम्मच

लाल मिर्च : आधा छोटा चम्मच

विधि : **आलू की सब्जी**

1. आलुओं को धोकर छिलका उतारें व दुबारा धोएं।
2. थोड़े टुकड़े छोटे ही काटें व पानी में रखें।
3. कड़ाही में घी अथवा तेल गर्म करें।
4. लाल मिर्च व मेथीदाना डालें। मेथी चटकते ही हल्दी, धनिया, लाल मिर्च व नमक डालें तथा चौथाई कटोरी पानी के साथ मसाला पकाकर भूनें। फिर मसाले में टमाटर के छोटे टुकड़े डालें व खूब भूनें।
5. भुने हुए टमाटरी मसाले में आलू डालें व थोड़ा पानी डालकर उन्हें गलाएं।
6. जब लगे कि लिपटवां आलू तैयार हो गए, तो उनमें हरी मिर्च व हरा धनिया डालें।

बेढ़वी –

1. तेल गर्म करें। नमक लगे आटे की लोई तोड़ें व पेड़ी को गोल करें।
2. उंगली से बीच में दबाकर आधा छोटा चम्मच दाल की पिट्ठी भरें व लोई पूरी करें।
3. चकले पर उसे ध्यान से बेलें, ताकि पिट्ठी बाहर नहीं आए।
4. गोल-गोल बेढ़वी गर्म तेल में छोड़ें व फुलाएं तथा दोनों ओर से गुलाबी तल लें।
5. गर्म बेढ़वी मेथीदाना के आलू तथा आम की लौजी के साथ खाएं व मेहमानों को भी खिलाएं।

करारे कलमी बड़े

विधि :

1. चने की दाल को चुन और धोकर पानी में रातभर भिगोने के लिए रख दें।
2. सवेरे उसका पानी निकाल दें तथा आधा छोटा चम्मच नमक व चुटकीभर हींग डालकर उसे (दाल को) पीस लें।
3. आंच पर कड़ाही चढ़ाकर तेल गर्म करें।
4. पिट्ठी हाथ में उठाकर कुछ मोटे-मोटे बड़े तल लें।
5. जब बड़े ठंडे हो जाएं, तो गोलाई के बल में उनके 3 या 4 स्लाइस काट लें।
6. तेल दुबारा गर्म करें व सारे कटे स्लाइस को करारा-करारा गुलाबी होने तक तलें व ब्राउन पेपर पर रखें।
7. इन्हें ठंडा होने दें।
8. दही को मथें व उसमें करारे कलमी बड़ों को डुबो-डुबो कर तश्तरी में रखें।
9. इमली की सोंठ व धनिये की चटनी ऊपर से डालें।
10. उबले कटे आलू, चने, हरी मिर्च डालें व तुरत खाएं।

नोट : खाने से पहले ही इन पर दही व सोंठ डालें। इनकी प्लेट सजा कर रखें नहीं, क्योंकि ये तब नरम होकर एकदम स्वादहीन हो जाएंगे।

सामग्री :

चने की दाल	*: आधा किलो*
नमक	*: डेढ़ छोटा चम्मच*
लाल मिर्च	*: छोटा चम्मच*
हींग	*: चुटकीभर*
तेल	*: आवश्यकता के अनुसार*
हरा धनिया व हरी मिर्च (कटी)	*: आधी कटोरी*
उबले आलू (कटे हुए)	*: 1 कटोरी*
उबले काबुली चने	*: 1 कटोरी*
भुना-पिसा जीरा	*: आधा छोटा चम्मच*
काला नमक	*: आधा छोटा चम्मच*
इमली सोंठ (मीठी)	*: छोटा चम्मच*
गाढ़ा छना नमक मिला दही, हरी मिर्च व हरे धनिये की चटनी	*: आवश्यकता के अनुसार*
चूरा पापड़ी	*: आधी कटोरी*

इमली की सोंठ

विधि :

1. इमली को भिगो दें व 5 घंटे बाद मसलकर छलनी से छान लें।
2. सारा गूदा व घोल आंच पर चढ़ाएं।
3. नमक, काला नमक तथा भुना जीरा डालें व पकाएं। गाढ़ी-गाढ़ी पकी सोंठ तैयार है। यह कई माह तक खराब नहीं होती।

सामग्री :

इमली	*: 100 ग्राम*
गुड़	*: 100 ग्राम*
नमक	*: 1 छोटा चम्मच*
जीरा (भुना हुआ)	*: 1 छोटा चम्मच*
काला नमक	*: आधा छोटा चम्मच*

खस्ता कचौड़ी

सामग्री :

मैदा	*: 2 प्याले*
घी	*: 2 बड़े चम्मच*
नमक	*: आधा छोटा चम्मच*
गूंधने के लिए	
कुनकुना पानी	*: आवश्यकता के अनुसार*
तेल	*: आवश्यकता के अनुसार*
बेकिंग पाउडर	*: चुटकीभर*

विधि :

1. दाल को चुनकर रातभर भिगो दें।
2. सवेरे उसका पानी निकालें व धोकर सिल पर हींग के साथ पीस लें।
3. कड़ाही में बड़े चम्मच घी में पिसी दाल को भून लें।
4. जब पिट्ठी अच्छी तरह भुन जाए, तब उसमें लाल मिर्च, धनिया, सौंफ व नमक डालकर अच्छी तरह मिला लें तथा थोड़ी देर और भूनें।
5. पिट्ठी को आंच से उतारकर पूरी तरह ठंडा करें।
6. मैदे को परात में छानें तथा मोयन का घी डालकर अच्छी तरह से मलें।
7. नमक व बेकिंग पाउडर डालकर मैदे के मिश्रण को कुनकुने पानी के साथ नरम गूंध लें।
8. इसकी छोटी-छोटी लोइयां बनाकर हाथों से थोड़ा बड़ा कर लें।
9. 1-1 छोटा चम्मच पिट्ठी भरें व सारे किनारे उठाकर गोल आकार में बंद कर दें।
10. बेलन द्वारा उसे हल्का-सा बेल लें।
11. जब सारी कचौड़ियां तैयार हो जाएं, तो घी में उन्हें भूरी-भूरी तलकर ब्राउन पेपर पर रखें, ताकि अतिरिक्त घी सूख जाए।

नोट : इन कचौड़ियों को दाल की पिट्ठी के बजाय बेसन भूनकर और उन्हें उन मसालों में मिलाकर भी बनाया जा सकता है। प्याज, टमाटर व अंडे की भुर्जी भर कर तथा पनीर, प्याज, टमाटर की भुर्जी भर कर भी कचौड़ियां बनाई जा सकती हैं, परंतु इनको ज्यादा समय तक रखा नहीं जा सकता। ताजा मटर को छौंक कर व दरदरा करके भी कचौड़ियां बनती हैं।

खस्ता कचौड़ियों को टमाटर सॉस, इमली की मीठी चटनी, हरी चटनी, घुटे-मिले छोले तथा आलू की सब्जी- किसी भी चीज के साथ खाया जा सकता है।

राई पकौड़ी

सामग्री :

मूंग धुली	*: 2 कटोरी*
नमक	*: आधा छोटा चम्मच*
लाल मिर्च	*: आधा छोटा चम्मच*
हींग	*: चौथाई छोटा चम्मच*
तेल	*: आवश्यकता के अनुसार*

राई के पानी के लिए–

हरा धनिया (पिसा)	*: आधी गुच्छी*
अदरक (पिसा)	*: 1 बड़े चम्मच*
हल्दी (ऐच्छिक)	*: आधा छोटा चम्मच*
नमक	*: आधा छोटा चम्मच*
लाल मिर्च	*: आधा छोटा चम्मच*
पिसी हुई राई	*: डेढ़ बड़ा चम्मच*
पानी	*: 1 किलो*

विधि :

राई के पानी के लिए –

1. एक पतीले (स्टील) अथवा छोटे मटके में सारी सामग्री डालें। ऊपर से कुनकुना पानी डाल दें।
2. 2-3 दिनों में राई खटास छोड़ देगी व पानी तैयार हो जाएगा।

पकौड़ी के लिए

1. मूंग की दाल को चुन तथा धोकर रातभर के लिए भिगो दें।
2. सवेरे हींग, नमक व मिर्च मिलाकर सिल अथवा मिक्सी में पिट्ठी पीस लें।
3. तेल में छोटी-छोटी पकौड़ियां तल लें।
4. पकौड़ियों को राई के पानी में डाल दें।
5. कटोरी में भरकर खट्टी पकौड़ियां खाएं।

मसाला डोसा

सामग्री :

भरावन -	
बड़े आलू	*: 5-6*
बड़ा प्याज	*: 2-3*
सरसों	*: चौथाई छोटा चम्मच*
करी पत्ता	*: 3-4*
हल्दी	*: चौथाई छोटा चम्मच*
लाल मिर्च	*: चौथाई छोटा चम्मच*
नमक	*: तीन चौथाई छोटा चम्मच*
चना दाल	*: 1 छोटा चम्मच*
उड़द दाल	*: 1 छोटा चम्मच*
तेल	*: 1 बड़ा चम्मच*
चावल	*: 3 कटोरी*
धुली उड़द दाल	*: 1 कटोरी*
नमक	*: 1 छोटा चम्मच*
तेल	*: आवश्यकता के अनुसार*

विधि :

1. कड़ाही में तेल छोड़ें व दोनों दालों को तलें।
2. सरसों दाना व करी पत्ता डालकर चटकाएं।
3. हल्दी, नमक व लाल मिर्च डालें, मसाला भूनें व चौथाई छोटी कटोरी पानी डालकर मसाला पकाएं।
4. प्याज लंबाई में काटकर डालें, गलाएं व मिश्रण एकदम सुखा लें।
5. उबले आलू डालें, ऊपर-नीचे उलटें-पुलटें व मसाला तैयार करें।
6. डोसा घोल तैयार करें व तवे पर उसे फैलाएं।
7. जब वह अच्छी तरह से सिंक जाए, तब उस पर भरावन रखें व दोनों ओर से लपेटकर मसाला डोसा तैयार करें।

नोट : मसाला डोसा के मसाले के भरावन में आलू के स्थान पर पनीर मिश्रण भी भरा जाता है।

सादा डोसा

सामग्री :

चावल	*: 3 कटोरी*
धुली उड़द दाल	*: 1 कटोरी*
नमक	*: 1 छोटा चम्मच*
तेल	*: आवश्यकता के अनुसार*

विधि :

1. चावल और दाल बीन लें और रातभर अलग-अलग भीगने दें।
2. सवेरे उन्हें पीसें। फिर नमक डालकर मिलाकर खमीर उठने के लिए रखें। रात में यह मिश्रण डोसा बनाने लायक तैयार हो जाएगा।
3. गर्म तवे पर थोड़ा तेल डालकर पानी के छींटे देकर तवा गीला व चिकना करें।
4. मिश्रण से कड़ाही भरें व तवे पर डालकर फैलाएं।
5. हाथ को गोल-गोल दिशा में घुमाते हुए पूरे तवे पर डोसा फैलाएं।
6. बीच-बीच में तेल डालें व गुलाबी होने तक सेंकें।
7. दोनों ओर से मोड़ें व सांभर तथा नारियल की चटनी के साथ खाएं।

बेसनी चीले

सामग्री :

बेसन	*: 1 कटोरी*
नमक	*: तीन चौथाई छोटा चम्मच*
लाल मिर्च	*: आधा छोटा चम्मच*
बारीक कटे प्याज	*: आधी कटोरी*
टमाटर के छोटे टुकड़े	*: चौथाई कटोरी*
बारीक कटा हरा धनिया	*: 1 बड़ा चम्मच*
बारीक कटी हरी मिर्च	*: 1 छोटा चम्मच*
पानी	*: आवश्यकता के अनुसार*
तेल	*: आवश्यकता के अनुसार*

विधि :

1. बेसन को छानें व उसमें नमक तथा लाल मिर्च डालकर पानी के साथ गाढ़ा घोल बनाएं।
2. प्याज, टमाटर, हरी मिर्च व हरा धनिया मिलाकर एक कटोरे में रखें।
3. आंच पर तवा रखें व तेल गर्म करें।
4. गर्म तेल में 1 बड़ा चम्मच बेसन भरकर डालें। आधा बड़ा चम्मच कटोरे वाला मिश्रण डालें व फैलाएं।
5. वह दोनों ओर से करारा -करारा सिंक जाए, तब उसे तवे से नीचे उतारें।
6. हरे धनिये व हरी मिर्च की खट्टी चटनी व सॉस के साथ उसे खाएं।

नोट : यदि आप बिना कुछ डाले सादे बेसन से चीले बनाएंगे, तो वह अधिक बड़े, पतले व करारे बनेंगे।

सूजी का चीला

सामग्री :

सूजी	*: 1 कटोरी*
नमक	*: आधा छोटा चम्मच*
लाल मिर्च	*: चौथाई छोटा चम्मच*
कटा प्याज	*: आधा प्याला*
कटा हरा धनिया व हरी मिर्च	*: आधा प्याला*
तेल	*: आवश्यकता के अनुसार*
पानी	*: आवश्यकता के अनुसार*

विधि :

1. पानी डालकर सूजी को घोलें व नमक डालकर आधा घंटा रखें। सूजी फूल जाएगी।
2. आवश्यकता के अनुसार पानी डालें व पकौड़ों जैसा घोल तैयार करें।
3. घोल में लाल मिर्च, हरी मिर्च व हरा धनिया डालें।
4. तवा गर्म करें व तेल गरमाएं।
5. एक बड़ा चम्मच सूजी-घोल लेकर तवे पर फैलाएं। ऊपर से तुरत थोड़ा प्याज डालें व किनारों से तेल डालकर दोनों ओर से करारा सेंकें।
6. टमाटर सॉस व धनिये-मिर्च की चटनी के साथ खाएं तथा खिलाएं।

दही भल्ले

सामग्री :

उड़द की धुली दाल	*: आधा किलो*
अदरक का टुकड़ा	*: 1 इंच*
हरी मिर्च	*: 4-5*
हरा धनिया	*: 1 गुच्छी*
पिसी हींग	*: चौथाई छोटा चम्मच*
नमक	*: आधा छोटा चम्मच*
लाल मिर्च	*: आधा छोटा चम्मच*
तेल	*: आवश्यकता के अनुसार*
दही	*: आवश्यकता के अनुसार*
इमली की मीठी सोंठ	*: आवश्यकता के अनुसार*
हरी मिर्च, हरा धनिया व पुदीने की खट्टी चटनी	*: आवश्यकता के आनुसार*
पीली मिर्च	*: 1 छोटा चम्मच*
जीरा (भुना पिसा)	*: 1 छोटा चम्मच*
काला मसाला	*: 1 छोटा चम्मच*
हरा धनिया (कटा)	*: आधी कटोरी*
अनार के ताजे लाल दाने	*: 1 कटोरी*

विधि :

1. उड़द की दाल को साफ करके धो लें तथा रातभर भिगोने के लिए रख दें ।
2. सवेरे उसे 2-3 पानी से धो लें।
3. हरी मिर्च, अदरक, हरा धनिया, हींग, नमक व मिर्च के साथ दाल को सिल पर अथवा मिक्सी में पीस लें।
4. पिसी दाल को परात में डालकर हल्के पानी के छींटों के साथ इतना फेंटें कि दाल हल्की होकर पानी के ऊपर तैरे।
5. अब चकले अथवा तश्तरी पर गीला महीन कपड़ा बिछा दें।
6. उस पर 1-1 बड़ा चम्मच दाल रखें। उसे गीले हाथ से थोड़ा दबाकर गोल आकार दें।
7. तेल में सारे भल्ले तल लें।
8. उन्हें पानी में छोड़ते जाएं, ताकि वे काफी फूल जाएं।
9. हाथ से हल्का दबाकर भल्लों का सारा पानी निकाल दें।
10. दही में नमक मिलाएं व भल्लों को दही में लपेट-लपेट कर तश्तरी में रखते जाएं।
11. ऊपर से इतना दही डालें कि भल्ले भीगे रहें।
12. इमली की चटनी व हरी चटनी ऊपर से डालें।
13. भुना-पिसा जीरा, काला मसाला, पीली मिर्च, लाल मिर्च व नमक बुरकें।
14. हरा धनिया व अनार के लाल दाने डालें तथा मजेदार भल्लों को चटकारे ले-लेकर खाएं।

मसाला अंडा पैटी

विधि :

1. अंडे की भुजिया बनाने के लिए घी में प्याज भूनकर गुलाबी करें व उसमें 6 अंडे तोड़कर डालें। जब अंडे भुनने लगें, तो आधा प्याला दूध डालकर पकाएं। जब मिश्रण सूख जाए, तो उसमें आधा छोटा चम्मच नमक व चौथाई छोटा चम्मच काली मिर्च डालें।
2. इस तैयार भुजिया में चीज, हरी मिर्च, हरा धनिया तथा तले काजू मिलाएं।

पैटी बनाने के लिए –

1. मैदा छानें व उसमें बेकिंग पाउडर, नमक तथा 1 फेंटा हुआ अंडा मिलाएं।
2. मोयन का घी डालकर हाथों से मसलें तथा ठंडा पानी डालकर गूंध लें।
3. गुंधे हुए मैदे से छोटी-छोटी गोल पेड़ियां बनाएं तथा पतली-पतली रोटी बेल लें।
4. एक रोटी पर घी की परत लगाएं। फिर उसे मोड़ कर दुबारा घी लगाएं तथा तिबारा मोड़ें।
5. बेलन चलाकर हल्का बेलें। बीच की रोटी पर फिर एक बार घी की परत लगाएं व बेलें।
6. इस प्रकार बनी 4 परतों से ऊपर की 2 परतें उठा कर बीच में भुजिया भरें। चाकू से चौकोर आकार दें व सब ओर से दबाकर बंद करें।
7. शेष मैदा से इसी प्रकार भरवां पैटीज बनाएं।
8. ओवन गर्म करके प्रत्येक पैटी पर अंडे से ब्रशिंग करें व सारी पैटीज को बेक करें।
9. ओवन की सुविधा न रहने पर गर्म तेल में सारी पैटीज तलकर ब्राउन पेपर पर रखें।

सामग्री :

मैदा	*: 2 प्याले*
नमक	*: आधा छोटा चम्मच*
घी (मोयन के लिए)	*: आधा प्याला*
(अंडा) फेंटा हुआ	*: 10*
ठंडा पानी (बर्फ का)	*: 6 बड़े चम्मच*
बेकिंग पाउडर	*: आधा छोटा चम्मच*

भरावन–

अंडे की भुजिया	*: डेढ़ प्याला*
कद्दूकश की हुई चीज	*: आधा प्याला*
तले काजू	*: चौथाई प्याला*
हरी मिर्च व बारीक कटा हरा धनिया	*: आधा प्याला*
प्याज	*: 2*

भरवां गुझिया

सामग्री :

उड़द की धुली दाल	*: आधा किलो*
अदरक	*: 1 इंच का टुकड़ा*
पिसी हींग	*: आधा छोटा चम्मच*
हरी मिर्च	*: 3*
नमक	*: डेढ़ छोटा चम्मच*
लाल मिर्च	*: आधा छोटा चम्मच*
किशमिश व चिरौंजी	*: आधी कटोरी*
कसा हुआ नारियल गोला	*: आधी कटोरी*
तेल	*: आवश्यकता के अनुसार*
गाढ़ा, फेंटा व छना हुआ दही	*: आवश्यकता के अनुसार*
इमली की मीठी सोंठ	*: 1 छोटा चम्मच*
भुना पिसा जीरा	*: 1 छोटा चम्मच*
हरी मिर्च व धनिये की चटनी	*: आवश्यकता के अनुसार*
पीली मिर्च का चूर्ण	*: 1 छोटा चम्मच*
लाल मिर्च	*: 1 छोटा चम्मच*
उबले आलू (छोटे टुकड़े)	*: आधी कटोरी*
उबले सूखे काबुली चने	*: आधी कटोरी*
हरा धनिया (कटा)	*: आधी कटोरी*

विधि :

1. उड़द की दाल को चुन और धोकर रात भर भिगो दें।
2. सवेरे उसे निथार लें व उसमें नमक, मिर्च, हींग, हरी मिर्च तथा अदरक डालें।
3. हल्के पानी के छींटें देकर मिश्रण को पीस लें।
4. पिसी दाल के मिश्रण पर पानी के हल्के छींटें दे कर इतना फेंटें कि वह हाथ में उठाने लायक ही ढीला रहे।
5. थोड़ी-सी दाल को पानी से भरे गिलास में डालकर देखें। यदि दाल ऊपर तैर जाए, तो समझें कि वह गुझिया के लायक तैयार हो गई है।
6. अब एक फैली जगह पर बारीक कपड़ा गीला कर बिछा दें।
7. बड़े चम्मच से एक-एक चम्मच गाढ़ी दाल को कपड़े पर रखें।
8. हाथ से थपथपाकर थोड़ा फैलाएं व बीचोबीच मिले-जुले मेवों का भरावन भरें।
9. कपड़े को ठंडाकर गुझिया को मोड़ दें।
10. किनारे हाथ से दबाकर जोड़ दें।
11. गीले हाथ से उठाकर गुझिया को तेल में गुलाबी-गुलाबी तलें।
12. उन्हें ठंडे पानी में डालते जाएं। इस प्रकार सारी गुझिया तैयार कर लें।
13. पानी से गुझियों को निकालें व हल्के हाथ से दबा कर उनका सारा पानी निकाल दें।
14. दही में नमक मिलाकर उसमें रई से खूब फेंटें।
15. प्रत्येक गुझिया को दही में डुबो-डुबो कर एक तश्तरी में रखते जाएं। ऊपर से पीली व लाल मिर्च तथा आलू, चने व हरा धनिया डालें।
16. इमली की सोंठ व हरे धनिये की चटनी डालकर खाएं तथा खिलाएं।

अंडा ब्रेड रोल

सामग्री :

फेंटे हुए अंडे	:	6
बारीक कटी हरी मिर्च	:	3-4
बारीक कटा अदरक	:	1 बड़ा चम्मच
बारीक कटे बड़े प्याज	:	4
कटा हरा धनिया	:	1 बड़ा चम्मच
नमक	:	तीन चौथाई छोटा चम्मच
काली मिर्च	:	आधा छोटा चम्मच
कद्दूकश की हुई चीज	:	आधी कटोरी
मक्खन (सख्त जमा) छोटे चौकोर टुकड़ों में कटा हुआ	:	1 बड़ा चम्मच
तले मखाने	:	आधी कटोरी
बारीक कटे बादाम	:	4-5
तेल	:	आवश्यकता के अनुसार
दूध	:	आधा प्याला
ब्रेड स्लाइस	:	6-7

विधि :

1. तेल में प्याज गुलाबी होने तक तलें।
2. तले प्याज में फेंटे हुए अंडे डालें। आंच धीमी करें व तुरत दूध डाल दें।
3. लगातार चलाते हुए थोड़ा गाढ़ा करें।
4. उसमें अदरक, हरी मिर्च, हरा धनिया, नमक, काली मिर्च व चीज डालकर मिलाएं। उसे एकदम सूखा न करें।
5. बादाम व मखानों को आपस में मिला लें।
6. तेल गर्म करें।
7. ब्रेड के स्लाइस को पानी में डुबोकर हथेली पर रखें व दूसरी हथेली से दबाकर पूरा पानी निकाल दें।
8. उस स्लाइस पर मखाना तथा बादाम बुरकें व अंडे की तैयार गाढ़ी भुजिया रखें।
9. मक्खन के तीन टुकड़े थोड़ी-थोड़ी दूरी पर रखें।
10. हाथ से मोड़कर ब्रेड को रोल करें व चारों ओर से दबा-दबाकर रोल तैयार करें।
11. जब सारे रोल तैयार हो जाएं, तो गर्म तेल में सुनहरी गुलाबी तल लें।
12. गर्मागर्म रोल इमली की चटनी, हरी चटनी व सॉस के साथ खाएं।

भरवां चीज (स्ट्रॉस)

सामग्री :

मैदा	*: 2 प्याले*
मोयन के लिए	
घी	*: 4 बड़े चम्मच*
अजवायन	*: आधा छोटा चम्मच*
नमक	*: आधा छोटा चम्मच*
चीज पाउडर अथवा कद्दूकश किया हुआ चीज	*: 1 प्याला*
भरावन-	
बारीक कटी फूलगोभी	*: 1 प्याला*
उबले आलू	*: 2 बड़े*
बारीक कटा बड़ा प्याज	*: 1*
बारीक पिसा अदरक	*: 1 बड़ा चम्मच*
मटर	*: चौथाई प्याला*
तेल	*: आवश्यकता के अनुसार*
नमक	*: आधा छोटा चम्मच*
लाल मिर्च	*: आधा छोटा चम्मच*
अमचूर	*: आधा छोटा चम्मच*
हल्दी	*: चौथाई छोटा चम्मच*

विधि :

1. मैदा छानें तथा नमक, मोयन का घी व अजवायन डालकर गूंधें। (यदि चीज पाउडर डाल रहे हों, तो मैदा के साथ ही डालें।)
2. गूंधे आटे में चीज मिलाकर दुबारा अच्छी तरह से गूंधें व छोटी-छोटी लोइयां बनाकर गीले कपड़े से ढक दें।
3. भरावन बनाने के लिए कड़ाही में 1 बड़ा चम्मच तेल डालें। उसके गर्म होने पर प्याज भूनें।
4. भुने प्याज में हल्दी, लाल मिर्च, नमक व अमचूर डालकर खूब भूनें। पिसा अदरक, मटर, गोभी व आलू डालकर मंद आंच पर पकाएं। खूब भूनकर एकदम रगड़कर कीमा की तरह बना लें व सुखा लें।
5. प्रत्येक लोई को बेलें व घी की परत लगाकर दुबारा बेलें। फिर दुबारा घी की परत लगाएं।
6. गोल पूरी की तरह बेलें व भरावन भरें। बीच से लंबा भाग चिपका दें व किनारे मोड़-मोड़ कर लंबे स्ट्रॉस की तरह बनाएं।
7. इस प्रकार जब सारे स्ट्रॉस बन जाएं, तब उन्हें गर्म घी में गुलाबी-गुलाबी तल लें।
8. टमाटर सॉस के साथ उसे पेश करें।

नूडल स्प्रिंग रोल्स

सामग्री :

मैदा	:	1 प्याला
खूब झागदार फेंटें हुए अंडे	:	5
बेकिंग पाउडर	:	चौथाई छोटा चम्मच
दूध	:	चौथाई प्याला
नमक	:	आधा छोटा चम्मच
काली मिर्च	:	चौथाई छोटा चम्मच
तेल	:	आवश्यकता के अनुसार

भरावन-

उबले तैयार नूडल	:	1 प्याला
तली मिली-जुली गाजर, प्याज, पत्तागोभी तथा शिमला मिर्च	:	1 प्याला
नमक	:	आधा छोटा चम्मच
काली मिर्च	:	आधा छोटा चम्मच
सोया सॉस	:	1 छोटा चम्मच
सिरका	:	आधा छोटा चम्मच
चिली सॉस	:	आधा छोटा चम्मच
टमाटर सॉस	:	आधा छोटा चम्मच

विधि :

भरावन –

1. पैन में गर्म किए गए एक बड़े चम्मच तेल में नूडल डालें, फिर तैयार सब्जियां डालकर चलाएं।
2. नमक, काली मिर्च, सिरका, सोया सॉस, चिली सॉस व टमाटर सॉस डालकर अच्छी तरह कांटें से मिलाएं।
3. तैयार नूडल को ठंडा करें।

रोल्स –

1. मैदा, नमक व बेकिंग पाउडर को मिलाकर छानें।
2. कुल मिश्रण से लगभग 3 फेंटे अंडे अलग करें।
3. उसमें दूध डालकर दुबारा फेंटें।
4. फेंटे मिश्रण में मैदा डालकर मध्यम घोल बना लें। यदि घोल ज्यादा गाढ़ा हो जाए, तो थोड़ा पानी मिलाकर उसे पतला भी किया जा सकता है।
5. अब पैन में घी डालें। फिर 2 बड़े चम्मच मैदा-मिश्रण डालें व चीले की तरह पूरे तवे पर फैलाएं।
6. सिंके मैदे में नूडल का मिश्रण भरें व उसे रोल करें।
7. शेष फेंटे हुए अंडे को दुबारा फेंटें।
8. तेल गर्म करें व प्रत्येक रोल को अंडे में लपेट-लपेट कर दुबारा तलें।
9. ब्राउन पेपर पर निकालते जाएं। गर्मागर्म नूडल स्प्रिंग रोल सॉस व खट्टी क्रीम के साथ सर्व करें।

पैन केक

सामग्री :

मैदा	: 1 प्याला
बेकिंग पाउडर	: चुटकीभर
दूध	: 2 प्याले
नमक	: आधा छोटा चम्मच
काली मिर्च	: चौथाई छोटा चम्मच
तेल	: 1 छोटा चम्मच
पानी	: आवश्यकता के अनुसार
चीज पाउडर	: 1 बड़ा चम्मच
अथवा	
चीज स्प्रेड	: आधा प्याला
अथवा	
कद्दूकश किया हुआ चीज	: आधा प्याला
तेल	: आवश्यकता के अनुसार
कटे टमाटर व हरी मिर्च	: 1 प्याला

विधि :

1. मैदा, नमक व बेकिंग पाउडर को मिलाकर छानें व काली मिर्च मिलाएं।
2. धीरे-धीरे दूध डालकर गाढ़ा पेस्ट जैसा बना लें। आवश्यकता के अनुसार पानी मिलाकर पेस्ट से पकौड़ों जैसा घोल तैयार करें।
3. तेल व किसी भी रूप में उपलब्ध चीज को डाल कर तैयार घोल को खूब फेंटें।
4. अब तवे पर तेल डालें व गर्म करें।
5. तैयार घोल से 1 बड़ा चम्मच घोल तवे पर डालें। 1 छोटा चम्मच टमाटर व हरी मिर्च घोल के साथ तवे पर फैलाएं।
6. दोनों ओर से अच्छी तरह से सेंकें व हरी चटनी के साथ खाएं।

नोट: इस घोल में टमाटर के स्थान पर प्याज, पालक व फूलगोभी भी डाली जा सकती है।

भिंडी कुरकुरी

सामग्री :

नरम लंबी भिंडी	: आधा किलो
चावल का आटा	: 2 कटोरी
नमक	: 1 छोटा चम्मच
लाल मिर्च	: आधा छोटा चम्मच
अमचूर	: आधा छोटा चम्मच
ब्रेड क्रम्स	: 1 प्याला
नीबू	: 1
तेल	: आवश्यकता के अनुसार

विधि :

1. भिंडी को धो-पोंछ कर चीरा लगा लें।
2. चावल के आटे में नमक डालकर गाढ़ा घोल बना लें।
3. अमचूर, लाल मिर्च व थोड़े नमक में नीबू का रस डालकर मिलाएं व भिंडियों में भर दें।
4. तेल गर्म करें व भरी हुई भिंडियों को चावल के आटे में लपेटकर ब्रेड क्रम्स में रोल करें। फिर मंद आंच पर घी में तलें।

सादी इडली

सामग्री :

चावल	: 2 कटोरी
उड़द दाल	: 1 कटोरी
खाने वाला सोडा	: आधा छोटा चम्मच
नमक	: तीन चौथाई छोटा चम्मच

विधि :

1. चावल व दाल चुन व धोकर रात भर में अलग-अलग भिगो दें।
2. सवेरे उनका पानी निकालकर दाल को बारीक व चावल को थोड़ा मोटा पीसें।
3. दोनों को आपस में मिलाकर नमक तथा सोडा मिलाएं व फूलने के लिए 6-7 घंटे तक ढककर रख दें।
4. जब मिश्रण फूल जाए, तो कुकर में अथवा इडली बनाने वाले बर्तन में पानी रखें।
5. तेल लगे हाथ से 1-1 बड़ा चम्मच मिश्रण सांचों में रखें व भाप में पकाकर इडली तैयार करें।
6. तैयार इडली को नारियल की चटनी व सांभर के साथ खाएं।

अंडा सेंवई

सामग्री :

सेंवई	:	2 प्याले
कच्चा अंडा	:	1
उबले अंडे	:	3
टुकड़ों में कटा उबला आलू	:	1
पनीर टुकड़ा	:	आधा प्याला
मूंगफली दाना	:	आधा प्याला
नमक	:	1 छोटा चम्मच
काली मिर्च	:	आधा छोटा चम्मच
लाल मिर्च	:	आधा छोटा चम्मच
प्याज	:	1 (छोटा)
जीरा	:	चुटकीभर
तेल/घी	:	1 बड़ा चम्मच
बारीक कटा हरा धनिया	:	1 बड़ा चम्मच
कटी हरी मिर्च	:	2-3

विधि :

1. सेंवई को सूखी गर्म कड़ाही में डालें व गुलाबी होने तक भून लें।
2. सेंवई निकालकर एक बड़ा चम्मच तेल डालें। जीरा व प्याज डालें। प्याज गुलाबी करें।
3. नमक व मिर्च डालें, पानी डालकर मसाला पकाएं तथा रसा उबालें।
4. पकते रसे में 3 अंडे फोड़कर डालें व जल्दी-जल्दी चलाएं।
5. उबलते रसे में सेंवई व पनीर डालकर रस को पकने दें।
6. जब सेंवई फैल जाए व तैयार हो जाए, तब आलू तथा अंडे का छोटा कटा टुकड़ा डालकर मिलाएं।
7. हरी मिर्च, हरा धनिया व मूंगफली डालकर अंडा सेंवई खाएं।

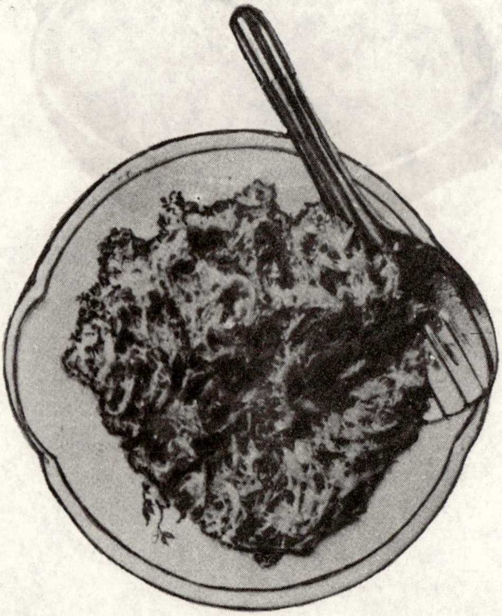

ढोकला बेसनी

सामग्री :

बेसन	*: 1 कटोरी*
खट्टा दही	*: आधी कटोरी*
नमक	*: आधा छोटा चम्मच*
खाने वाला सोडा	*: आधा छोटा चम्मच*
सरसों	*: चुटकीभर*
घी	*: 1 बड़ा चम्मच*
मीठे नीम की ताजा पत्तियां	*: 8-10*
नीबू	*: 1*
चीनी	*: आधा छोटा चम्मच*

विधि :

1. खट्टे दही में बेसन व नमक और आवश्यक हो, तो थोड़ा पानी डालकर पुओं के घोल जैसा गाढ़ा घोल तैयार करें व रातभर रख दें।
2. सवेरे उस घोल में मीठा सोडा (खाने वाला) डाल कर दुबारा फेंटें।
3. कुकर में जाली रखें व पानी डालकर गर्म करें।
4. एक छोटी डिश अथवा डोंगे में चिकनाई लगाएं व बेसन का मिश्रण पलटकर रखें। फिर छोटी तश्तरी अथवा ढक्कन लगाकर बेसन-मिश्रण को ढक दें।
5. कुकर का ढक्कन बंद करें व भाप निकलने पर बिना सीटी के 20 मिनट तक पकाएं।
6. तैयार ढोकला टुकड़ों में काटें।
7. घी गर्म करें, सरसों चटकाएं व करी पत्ता डालें। आधी कटोरी पानी में चीनी व नीबू का रस डालकर ढोकला छौंक दें। फिर उसे चलाएं व प्लेट में निकालें।

नमकीन सेंवई अथवा वरमिसेलि

सामग्री :

वरमिसेलि बारीक टुकड़ों में कटा	*: 2 कटोरी*
बड़ा आलू	*: 1*
बड़ा प्याज (बारीक छोटे टुकड़े)	*: 1*
मटर/हरा छोलिया	*: 1 प्याला*
चौकोर टुकड़ों में कटा पनीर	*: 1 प्याला*
जीरा	*: चौथाई छोटा चम्मच*
करी पत्ता	*: 3-4*
नमक	*: 1 छोटा चम्मच*
लाल मिर्च	*: आधा छोटा चम्मच*
हल्दी (ऐच्छिक)	*: चौथाई छोटा चम्मच*
तेल/घी	*: आधा बड़ा चम्मच*

विधि :

1. साफ, सूखी कड़ाही में बिना घी या तेल डाले सेंवई भून लें। सेंवई निकालकर कड़ाही में तेल अथवा घी डालें।
2. गर्म तेल में जीरा व करी पत्ता डालें। दोनों के चटकने पर प्याज को गुलाबी होने तक भूनें।
3. हल्दी, लाल मिर्च व नमक डालें। थोड़े पानी के साथ मसाला पका लें। रसा डालें व पकाएं।
4. आलू, छोलिया अथवा मटर व पनीर के टुकड़े डालें तथा आलू गलने तक पकाएं।
5. तैयार सब्जी में भुनी सेंवई डालें व ढक्कन लगाकर मंद आंच पर रखें।
6. सेंवई फूल जाए व पानी एकदम खत्म हो जाए, तो समझें कि सेंवई तैयार है।

नोट : तैयार सेंवई खिली-खिली रहनी चाहिए।

सूजी का ढोकला

विधि :

1. सूजी को साफ करके नमक व लाल मिर्च मिला कर खट्टे दही में फेंटें व थोड़ी देर रखें।
2. जब सूजी फूल जाए, तो उसमें बारीक कटा प्याज, हरी मिर्च व हरा धनिया डालकर फेंटें।
3. यदि मिश्रण ज्यादा गाढ़ा लगे, तो थोड़ा पानी मिला कर ठीक करें।
4. कुकर में जाली रखें व पानी उबालें।
5. एक डोंगे में चिकनाई लगाकर ढोकला मिश्रण उलट दें व तश्तरी से ढकें।
6. इस डोंगे को जाली में रखें तथा कुकर का ढक्कन बंद कर बिना सीटी लगाए 20 मिनट तक पकाएं।
7. चाकू डालकर देखें। यदि उस (चाकू) पर घोल चिपके, तो दुबारा पकाएं।
8. उसे बाहर निकालें, टुकड़े करें व छौंक कर ढोकला पेश करें।

सामग्री :

सूजी	*: 1 कटोरी*
खट्टा दही	*: 2 कटोरी*
नमक	*: आधा छोटा चम्मच*
लाल मिर्च	*: चौथाई छोटा चम्मच*
खाने वाला सोडा	*: चौथाई छोटा चम्मच*
बड़ा प्याज (ऐच्छिक)	*: 1*
बारीक़ कटी हरी मिर्च	*: 3-4*
बारीक कटा हरा धनिया	*: आधी गुच्छी*
छौंक के लिए	
लाल मिर्च	*: 1*
सरसों	*: चुटकीभर*
तेल	*: 1 बड़ा चम्मच*

दाल दलिया

सामग्री :

मूंग धुली (रात भर भीगी)	*: 1 कटोरी*
दलिया (गेहूं का)	*: 1 कटोरी*
हरा मटर	*: आधी कटोरी*
हरी मिर्च (कटी)	*: 3-4*
हरा धनिया (कटा)	*: 1 गुच्छी*
नमक	*: 1 छोटा चम्मच*
घी	*: डेढ़ बड़ा चम्मच*
लाल मिर्च	*: आधा छोटा चम्मच*
नीबू	*: 1*
चाट मसाला	*: 1 छोटा चम्मच*
बड़ा प्याज (ऐच्छिक)	*: 1*
जीरा	*: चुटकीभर*

विधि :

1. आधा बड़ा चम्मच घी गर्म करें व उसमें गेहूं का दलिया डालकर भूनें। आधी कटोरी पानी तथा आधा छोटा चम्मच नमक डालकर सूखा ही पका लें, चिपचिपा न रखें।
2. एक बड़ा चम्मच घी गर्म करें व जीरा डालें। जीरा चटकने पर प्याज काटकर भूनें।
3. जब प्याज गुलाबी हो जाए, तब दाल छौंक दें। नमक तथा लाल मिर्च डालें व मटर तथा आधी कटोरी पानी डालकर मटर व दाल गलाएं। मिश्रण खिला-खिला रहना चाहिए।
4. तैयार दाल मटर में तैयार दलिया हल्के हाथों से डालें। हरा धनिया, हरी मिर्च, चाट मसाला व नीबू का रस डालकर मजेदार पौष्टिक नाश्ता करें व कराएं।

डबलरोटी का दलिया

सामग्री :

सूखी स्लाइस ब्रेड	*: 6*
दूध	*: 750 मिली.*
हरी छोटी इलायची के पिसे दाने	*: 3*
चीनी	*: 2 बड़े चम्मच*
कटे बादाम व चिरौंजी	*: चौथाई कटोरी*
देसी घी	*: 1 छोटा चम्मच*

विधि :

1. सूखी डबलरोटी के टुकड़ों को कूटकर बारीक चूरा बना लें।
2. पतीले में दूध गर्म करें व घी डालें।
3. उबले दूध में चीनी व पिसी इलायची डालें तथा घोलें।
4. मीठे उबलते दूध की आंच धीमी करें व ब्रेड का चूरा धीरे-धीरे डालते और लगातार चलाते जाएं।
5. जब डबलरोटी फूल जाए, तो मेवा डालें।
6. थोड़ा गर्म दूध डालकर खाएं व खिलाएं।

आलू बोंडा

सामग्री :

बेसन	*: 1 प्याला*
उबले आलू	*: 4 बड़े*
हरी मिर्च (बारीक कटी)	*: 4*
हरा धनिया (बारीक कटा)	*: आधी गुच्छी*
बड़ा प्याज (चौकोर टुकड़ों में कटा)	*: 1*
नमक	*: 1 छोटा चम्मच*
लाल मिर्च	*: चौथाई छोटा चम्मच*
बेकिंग पाउडर या सोडा	*: चौथाई छोटा चम्मच*
अजवायन	*: चौथाई छोटा चम्मच*
तेल	*: आवश्यकता के अनुसार*

विधि :

1. बेसन, नमक व बेकिंग पाउडर छान लें।
2. इसमें अजवायन व लाल मिर्च मिलाकर पानी के साथ गाढ़ा घोल बनाएं।
3. उबले आलुओं में कटी हरी मिर्च, हरा धनिया व प्याज डालकर खूब मसलें।
4. चिकने हाथों से आलुओं की गोल लोइयां तैयार करें।
5. बेसन के मिश्रण में डुबोकर लोइयां लपेटें तथा कड़ाही में तलते जाएं। जब वे सुनहरे रंग के हो जाएं, तो उन्हें निकालकर ब्राउन पेपर पर रखें।
6. टमाटर सॉस व हरी खट्टी चटनी के साथ उसे खाएं व खिलाएं।

नोट : इस बोंडे में ताजे अनार के दाने, मटर व मेवे भी भरे जा सकते हैं।

सेंवई बोंडा

सामग्री :

तैयार मटर सेंवई	*: 2 प्याले*
उबले आलू	*: आधा किलो*
ताजा पनीर	*: आधी कटोरी*
ब्रेड स्लाइस	*: 3*
बारीक कटी हरी मिर्च व हरा धनिया	*: चौथाई कटोरी*
नमक	*: आवश्यकता के अनुसार*
लाल मिर्च	*: आधा छोटा चम्मच*
अमचूर	*: आधा छोटा चम्मच*
टूटी सेंवई	*: 1 कटोरी*
तेल	*: आवश्यकता के अनुसार*

विधि :

1. आलू छीलकर उन्हें नमक, लाल मिर्च व अमचूर के साथ मसल लें।
2. किनारे निकले ब्रेड को पानी में भिगो कर कुचलें और आलू-मिश्रण में डालें।
3. उसमें पनीर डालकर संपूर्ण मिश्रण को खूब मथें।
4. मथे मिश्रण से आलू उठाएं व चिकनी हथेली पर गोल पेड़ी बनाएं।
5. बीच में गड्ढा बनाएं व चटपटी तैयार मटर सेंवई उसमें भरें। फिर पेड़ी को दुबारा गोल कर दें व बोंडा बनाएं।
6. जब बोंडे तैयार हो जाएं, तो कड़ाही में तेल गर्म करें।
7. सेंवई को अखबार पर अथवा तश्तरी में फैला लें।
8. प्रत्येक बोंडे को सेंवई में रोल करें व गर्म तेल में तलें।

अंडा-साबूदाना बोंडा

सामग्री :

मध्यम आकार के उबले आलू	*: 5*
सफेद बड़ा साबूदाना	*: डेढ़ कटोरी*
बारीक कटी हरी मिर्च	*: 3-4*
कटा हुआ हरा धनिया	*: आधी गुच्छी*
उबले अंडे (आधे कटे)	*: 4*
कद्दूकश की हुई चीज	*: आधा प्याला*
नमक	*: 1 छोटा चम्मच*
काली मिर्च	*: आधा छोटा चम्मच*
अमचूर	*: आधा छोटा चम्मच*
तेल/घी (तलने के लिए)	*: आवश्यकता के अनुसार*

विधि :

1. उबले अंडों से पीला भाग निकाल लें व थोड़ी-सी चीज, थोड़ा नमक तथा थोड़ी काली मिर्च मिलाकर उसमें भर दें।
2. उबले आलू में हरी मिर्च, कटा हरा धनिया, शेष चीज, नमक, काली मिर्च तथा अमचूर मिला दें व अच्छी तरह मथें।
3. साबूदाना धोकर 2-3 मिनट तक भिगो दें। फिर छलनी में डालकर सारा पानी निकाल दें।
4. अखबार अथवा कपड़े पर रखकर फरहरा करें।
5. चिकने हाथों से आलू-मिश्रण को थोड़ा-थोड़ा उठाएं व टिक्की जैसी बनाएं।
6. बीच में अंडा रखें व टिक्की को गोल करके बॉल जैसी बना दें।
7. प्रत्येक बॉल को साबूदानों पर रोल करें। इससे साबूदाने उस पर चिपक जाएंगे।
8. हल्के हाथों से चिपकाएं व गोल-गोल आकार दे कर धीमी आंच पर गर्म तेल में तलें।
9. तला साबूदाना अंडा बोंडा ब्राउन पेपर पर निकालें।
10. धनिये की खट्टी चटनी व टमाटर सॉस के साथ मजेदार बोंडा आधा-आधा काटकर सर्व करें।

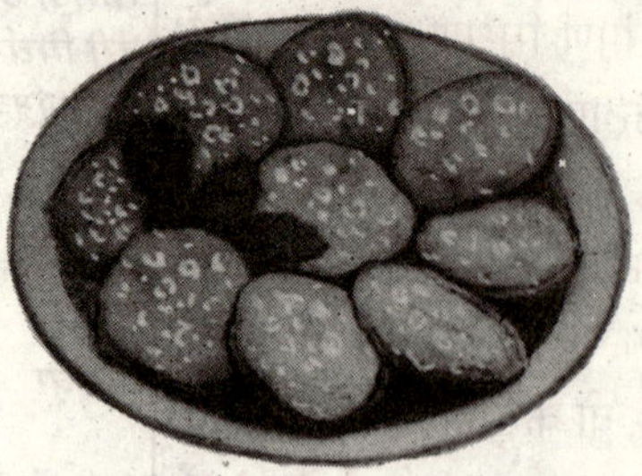

साबूदाना-बोंडा पनीर वाला

विधि :

1. साबूदाने को अच्छी तरह धोकर भिगो दें। थोड़ी देर बाद उसका पानी छानकर उसे कागज पर फैलाकर सुखा दें।
2. आलुओं में नमक तथा लाल मिर्च डालकर मसल लें। फिर घी अथवा तेल लगे हाथों से उसकी गोल-गोल पेड़ियां बना लें।
3. पनीर में हरी मिर्च व हरा धनिया मिलाकर प्रत्येक पेड़ी में चम्मच द्वारा छेद बनाकर 1-1 छोटा चम्मच पनीर-मिश्रण भरें। फिर गोल लोइयां बना लें।
4. कागज पर रखे साबूदाने पर प्रत्येक लोई को लपेटें। इससे साबूदाना उन पर लिपट जाएगा।
5. हाथों से दबा-दबा कर साबूदाना बोंडा तैयार करें।
6. गर्म तेल में मंद आंच पर साबूदाना बोंडा तल लें व उतारकर ब्राउन पेपर पर रखें। उन्हें खट्टी चटनी व सॉस के साथ खाएं।

सामग्री :

बड़े उबले आलू	*: 4*
ताजा पनीर (मसला)	*: 1 कटोरी*
सफेद साबूदाना	*: डेढ़ कटोरी*
बारीक कटा हरा धनिया व हरी मिर्च	*: आधी कटोरी*
नमक	*: 1 छोटा चम्मच*
लाल मिर्च	*: चौथाई छोटा चम्मच*
तेल / घी	*: आवश्यकता के अनुसार*

पालक-पनीर पैन केक

सामग्री :

मैदा	*: आधा प्याला*
नमक	*: चौथाई छोटा चम्मच*
बड़े अंडे	*: 2*
काली मिर्च	*: आधा छोटा चम्मच*
तेल	*: 2 छोटे चम्मच*
दूध	*: डेढ़ प्याला*
कटा हुआ पालक	*: 2 कटोरी*
भुनी-कुटी मूंगफली	*: आधी कटोरी*
ताजा मसला पनीर	*: 1 प्याला*
कद्दूकश की हुई चीज	*: 2 बड़े चम्मच*

विधि :

1. मैदा छानें व उसमें नमक तथा काली मिर्च डालें।
2. कटे पालक को धोकर पैन में (बिना पानी के) डालकर आंच पर रखें व पकाकर सुखा लें।
3. इस पके पालक को मैदे में डालें।
4. अंडा फेंटें व उसमें तेल, दूध तथा मैदा मिश्रण धीरे-धीरे डालकर अच्छी तरह से मिलाएं।
5. मूंगफली को पनीर, चीज, नमक तथा मिर्च के साथ अच्छी तरह मिलाएं।
6. तवे अथवा फ्राइंग पैन में गर्म तेल में 2 बड़े चम्मच पालक-मैदा-मिश्रण डालें तथा चीला तैयार करें।
7. चीले में चीज मिश्रण भरें व उसे तिकोना मोड़कर सॉस के साथ खाएं तथा खिलाएं।

पालक-पनीर बॉल्स

सामग्री :

अंडा	*: 1*
ताजा मसला पनीर	*: 2 कटोरी*
भाप में गला-पिसा पालक	*: आधी कटोरी*
कद्दूकश की हुई चीज	*: 2 बड़े चम्मच*
नमक	*: आधा छोटा चम्मच*
काली मिर्च	*: चौथाई छोटा चम्मच*

विधि :

1. अंडे को खूब फेंट लें।
2. पनीर में पिसा पालक व चीज मिलाएं।
3. नमक तथा काली मिर्च मिलाकर संपूर्ण मिश्रण को मथें।
4. मथे मिश्रण में फेंटा हुआ अंडा मिलाएं।
5. घी लगे हाथों से मिश्रण उठा-उठाकर गोल बॉल जैसा बनाएं। आंच पर पानी उबालें। उबलते पानी में मिश्रण की बॉल डालें।
6. जब बॉल पक जाएं, तो पानी से निकालकर टमाटर सॉस के साथ खाएं व खिलाएं।

अंडे का ढोकला

सामग्री :

अंडे	:	*6*
चौकोर टुकड़ों में कटा हुआ बड़ा प्याज	:	*1*
हरा धनिया (कटा हुआ)	:	*आधी गुच्छी*
कटा अदरक	:	*1 बड़ा चम्मच*
बारीक कटी हरी मिर्च	:	*3-4*
किशमिश	:	*6-7*
बारीक कटा हुआ पनीर	:	*1 कटोरी*
नमक	:	*तीन चौथाई छोटा चम्मच*
काली मिर्च	:	*चौथाई छोटा चम्मच*
मक्खन	:	*आधा बड़ा चम्मच*

विधि :

1. अंडे फोड़कर एकदम झागदार फेंटें।
2. फेंटे हुए अंडों में प्याज, हरी मिर्च, हरा धनिया, अदरक व पनीर डालें।
3. किशमिश, नमक व मिर्च डालकर सारे मिश्रण को दुबारा फेंटें।
4. एक गोल कटोरे अथवा डोंगे में मक्खन लगाएं।
5. पानी उबालें व कुकर में जाली रखें।
6. मक्खन चुपड़े डोंगे में अंडा-मिश्रण उलटें।
7. अंडा भरा डोंगा कुकर में जाली पर रखें व तश्तरी से ढक दें।
8. बिना सीटी बजाए 10 मिनट तक भाप में ढोकला पकाएं।
9. ठंडा होने पर उसके टुकड़े करें व सॉस के साथ खाएं।

हॉट मिक्स चीज स्पेशल

सामग्री :

चने की चटपटी दाल (तली हुई)	:	*1 बड़ा चम्मच*
मिर्चोनी भुजिया (बारीक सेव)	:	*आधा बड़ा चम्मच*
मिर्चोना आलू का लच्छा	:	*1 बड़ा चम्मच*
चीज स्लाइस	:	*4*
स्लाइस ब्रेड	:	*4*
मक्खन	:	*डेढ़ बड़ा चम्मच*

विधि :

1. आधे बड़े चम्मच में चना दाल, भुजिया व आलू का लच्छा मिलाएं।
2. चारों स्लाइस पर एक ओर ही मक्खन लगाएं।
3. मक्खन वाले स्लाइस पर चीज स्लाइस रखें व उसके ऊपर हॉट मिक्स की एक परत लगाएं।
4. दूसरे चीज स्लाइस के ऊपर रखें व मक्खन वाली तरफ से दूसरा स्लाइस रखकर दबा दें।

नोट : इस सैंडविच को ऐसे भी खाया जाता है और मेकर में रोस्ट करके भी।

इस सैंडविच को बनाकर तुरत ही इस्तेमाल करें, अन्यथा तीनों नमकीनों का करारापन खत्म हो जाता है।

आलू-अंडे का केक

सामग्री :

आलू	*: आधा किलो*
अंडे	*: 2*
डबलरोटी चूरा	*: 1 प्याला*
दूध	*: डेढ़ प्याला*
हरी मिर्च व हरे धनिये की खट्टी चटनी	*: आधा प्याला*
हरी मिर्च	*: 3-4*
कद्दूकश की हुई चीज	*: आधा प्याला*
मक्खन	*: 1 बड़ा चम्मच*
नमक	*: 1 छोटा चम्मच*
काली मिर्च	*: आधा छोटा चम्मच*

विधि :

1. आलू उबालकर मसल लें।
2. उसमें नमक, काली मिर्च तथा कटी हरी मिर्च मिलाएं।
3. इस मिश्रण में आधा प्याला दूध धीरे-धीरे डालें व मथ लें।
4. बेकिंग डिश में हल्का मक्खन लगाएं व आलू मिश्रण उसमें बिछा दें।
5. इस तह के ऊपर हरी चटनी की तह बिछाएं।
6. एक पतीले में मक्खन गर्म करें तथा मैदा डालकर गुलाबी-गुलाबी भूनें।
7. धीरे-धीरे दूध डालें व लगातार चलाते रहें, ताकि उसमें गांठ न पड़े।
8. मिश्रण थोड़ा गाढ़ा ही करें। उसमें अंडे फेंटकर मिलाएं।
9. डबलरोटी चूरा व चीज डालें।
10. नमक तथा काली मिर्च मिलाकर सारे मिश्रण को फेंटें व हरी चटनी की तह पर फैला दें।
11. संपूर्ण मिश्रण पर कद्दूकश चीज बुरकें। मक्खन के थोड़े छोटे-छोटे टुकड़े काटकर रखें।
12. इस डिश को ओवन में रखें तथा बादामी रंग आने तक बेक करने के बाद बाहर निकालें।
13. टुकड़े करके टमाटर सॉस के साथ खाएं व खिलाएं।

3,00,00,000
तीन करोड़ से भी अधिक पाठकों की पसंद

रैपिडैक्स
इंगलिश स्पीकिंग कोर्स

प्रिय अभिभावक,
आपका बच्चा अंग्रेजी स्कूल में पढ़ता है,
अंग्रेजी अच्छी तरह लिख-पढ़ लेता है;
उसकी एकमात्र समस्या........
वह इसे बोलने में हिचकता या अटकता है!

इसका समाधान बता रहे हैं
उसके प्रिय खिलाड़ी कपिलदेव—

अंग्रेजी बोलचाल सीखने का एकमात्र कोर्स
रैपिडैक्स इंगलिश स्पीकिंग कोर्स

12 भारतीय भाषाओं में प्रकाशित

It's really a good book to learn spoken English. **—Kapil Dev**

कान्वेंट स्तर की शुद्ध व फर्राटेदार अंग्रेजी सिखलाने वाली ऐसी पुस्तक जो भारत के कोने-कोने में फैली, जिसे हर भाषा के लोगों ने पसंद किया तथा समाज के हर वर्ग ने अपनाया।

सभी भाषाओं में बड़े साइज़ के 400 से अधिक पृष्ठ
मूल्य: 50/- प्रत्येक

स्त्री के सौन्दर्य, स्वास्थ्य एवं रोगों का एनसाइक्लोपीडिया

लेडीज हैल्थ गाइड

लेखिका: महिला-विषयों की विशेषज्ञा श्रीमती आशारानी व्होरा

- **सौन्दर्य-समस्याएं**: बेडौलपन, अपुष्ट वक्ष, छोटा कद, बालों का झड़ना, चेहरे की कमियां आदि।
- **आम शिकायतें**: मासिक धर्म की गड़बड़ियां, बेजा थकान व तनाव, पीठ-दर्द, हीन-भावना, यौन रोग आदि।
- **शिशु-जन्म प्रक्रिया**: गर्भाधान से लेकर प्रसवोपरांत का भोजन, सावधानियां एवं समस्याएं।
- **सामान्य स्वास्थ्य**: नारी शरीर रचना की संपूर्ण जानकारी, फर्स्ट-एड, मीनूपाज, बांझपन आदि।
- **बीमारियां**: रक्तचाप, मधुमेह, तपेदिक, दमा, वक्ष तथा गर्भाशय का कैन्सर तथा ऑपरेशन आदि।

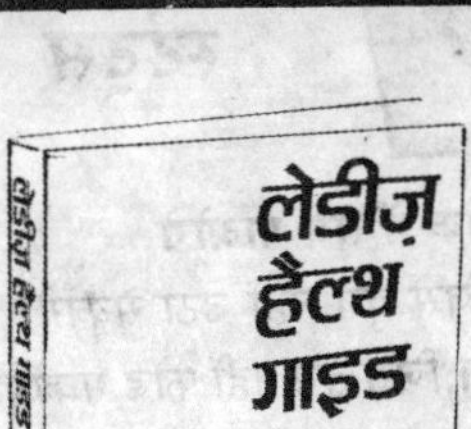

मूल्य: 60
डाकखर्च: 6/-

बड़े साइज के 410 पृष्ठ
चित्र: 300

25 विशेषज्ञ डाक्टरों के इंटरव्यूज पर आधारित एक प्रामाणिक पुस्तक

खेल-खेल में सीखो विज्ञान

101 साइंस एक्सपेरिमेंट्स

—आइवर यूशिएल

नन्हे वैज्ञानिकों के लिए लिखी गई एक ऐसी पुस्तक—जो सरल व रोचक प्रयोगों द्वारा विज्ञान के जटिल सिद्धांतों को समझने में निश्चित रूप से मदद देगी।

प्रयोगों की एक झलक:—

* *कैसे चल पाते हैं जल-सतह पर कीट?*
* *नहाने के बाद क्यों लगती है ठंड?*
* *कमरे में बैठ नापो सितारों की दूरी!*

इसके साथ ही वर्षामापी, सूक्ष्मदर्शी, डायनेमो आदि अनेक उपकरण बनाने की सचित्र विधियां।

मूल्य: 24/- डाकखर्च: 5/- पृष्ठ: 120

English Edition also available

अनुभवी फोटोग्राफर द्वारा लिखित घर-बैठे फोटोग्राफी सिखाने वाला

प्रैक्टिकल फोटोग्राफी कोर्स

लेखक : ए. एच. हाशमी

पोर्ट्रेट्स, ग्रुप्स, स्टिल-लाइफ, लैण्डस्कैप, स्पोर्ट्स तथा स्पीड फोटोग्राफी, विवाह-उत्सव, जानवर, प्राकृतिक दृश्यावलियां आदि सभी मौकों के फोटो खींचना सीखो।

• डैवलपिंग • कण्टैक्ट • एन्लार्जमेण्ट • रीटचिंग • डाक्यूमेण्ट कॉपिंग • फिनिशिंग • कलरिंग।

डिमाई साइज: 244 पृष्ठ मूल्य: 28/- डाकखर्च: 6/-

सर्वश्रेष्ठ ट्रिक्स का अनूठा संकलन

चिल्ड्रन्स ट्रिक्स एण्ड स्टंट्स

इस सचित्र पुस्तक में तुम पाओगे

- ***ऐसी कुर्सी,*** *जिसे तुम नहीं उठा सकोगे!*
- ***ऐसा गुब्बारा,*** *जिसे तुम नहीं फोड़ सकोगे!*
- ***अदृश्य मानव,*** *जो तुम्हारी आंखों के सामने से गायब हो जाएगा!*
- ***अंगुली,*** *जो हवा में तैरेगी!*

तुम्हारे दोस्तों को चकरा देने वाली—रहस्यमय, आश्चर्यजनक—लेकिन करने में आसान 70 ऐसी ही, अन्य मनोरंजक ट्रिक्स।

मूल्य: 15/- डाकखर्च: 5/- पृष्ठ: 120

Also available in English.

क्विज़ टाइम

—आइवर यूशिएल

मूल्य: 24/-

डाकखर्च: 6/-

पृष्ठ: 128

जन-सामान्य तथा विद्यार्थियों के लिए समान रूप से उपयोगी प्रश्नोत्तर शैली में लिखी यह पुस्तक विज्ञान, इतिहास, भूगोल, साहित्य, खेलकूद तथा फिल्म जगत से जुड़े आधारभूत 1001 प्रश्नों के सचित्र उत्तर प्रस्तुत करती है।

Also available in English

English edition also available

उदीयमान कार्टूनिस्टों के लिए विशेष उपयोग

कार्टून कैसे बनाएं

मूल्य: 24/-

डाकखर्च: 6/-

विश्व-प्रसिद्ध श्रृंखला

जनरुचि के 50 लघु विश्वकोशों की एक अनूठी संग्रहणीय श्रृंखला

☐ प्रामाणिक पाठ्य-सामग्री ☐ सरस कथा-शैली ☐ सैकड़ों दुर्लभ चित्रों से सुसज्जित ☐ कलात्मक प्रस्तुतिकरण ☐ फोटोटाइप सैट ☐ बढ़िया कागज/ऑफसैट छपाई ☐ बहुरंगी आवरण ☐ वाजिब दाम

Also available in English.

प्रत्येक का मूल्य : 24/-
डाकखर्च : 5/-

इस श्रृंखला का मूल उद्देश्य एक औसत पाठक को अंतर्राष्ट्रीय घटनाचक्र से जोड़कर उसकी चेतना को प्रबुद्ध करते हुए उसके ज्ञान-क्षेत्र का विस्तार है।

इस श्रृंखला की सभी पुस्तकें मानव-जगत से जुड़े लगभग सभी महत्त्वपूर्ण पक्षों जैसे विज्ञान, रहस्य, रोमांच, दर्शन, धर्म, खेल, संस्कृति, अपराध, भ्रष्टाचार आदि पर विहंगम दृष्टिपात करते हुए सारगर्भित विषय-सामग्री प्रस्तुत करती हैं।

इस श्रृंखला में प्रकाशित पुस्तकें:–

विश्व-प्रसिद्ध.... 1. खोजें 2. अनसुलझे रहस्य 3. रोमांचक कारनामे 4. युद्ध 5. 101 व्यक्तित्व 6. धर्म, मत एवं सम्प्रदाय 7. खेल और खिलाड़ी 8. रिकॉर्ड्स-I 9. रिकॉर्ड्स-II 10. वैज्ञानिक 11. विनाश-लीलाएं 12. दुर्घटनाएं 13. गुप्तचर संस्थाएं 14. जासूस 15. प्रेरक-प्रसंग 16. चिकित्सा-पद्धतियां 17. बैंक डकैतियां एवं जालसाज़ियां 18. जासूसी-कांड 19. क्रूर हत्यारे 20. सभ्यताएं 21. रोमांस-कथाएं 22. अनमोल खजाने 23. दुस्साहसिक खोज-यात्राएं 24. भूत-प्रेत घटनाएं 25. जन-क्रांतियां 26. कुख्यात महिलाएं 27. हस्तियों के प्रेम-प्रसंग 28. राजनैतिक हत्याएं 29. विलासी सुंदरियां 30. तख्ता-पलट की घटनाएं 31. सनकी तानाशाह 32. मांसाहारी तथा अन्य विचित्र पेड़-पौधे 33. अलौकिक रहस्य 34. मिथक एवं पुराण कथाएं 35. भ्रष्ट राजनीतिज्ञ 36. साहसिक कथाएं 37. आतंकवादी संगठन 38. पारलौकिक चमत्कार 39. दार्शनिक एवं दर्शन 40. ठग एवं जालसाज़

अनजाने तथ्य जानिए

501 रोचक तथ्य

मूल्य: 15/-
डाकखर्च: 5/-

- सोडाबाटर में बिलकुल सोडा नहीं होता।
- मनुष्य की रक्तवाहिनियों की कुल लम्बाई 1,00,000 मील होती है।

ऐसे ही गुदगुदाने वाले व ज्ञान-विज्ञान के नए क्षितिज खोलने वाले 501 अजाने तथ्य'

आर्कीटेक्ट अशोक गोयल की प्रामाणिक पुस्तकें

होम डेकोरेशन गाइड

मूल्य: 36/- डाकखर्च: 6/-

इस पुस्तक में गृह-मज्जा मबंधी सभी विषयों को विस्तारपूर्वक और चित्रों सहित समझाया गया है

—धर्मयुग

इस किताब की मदद से छोटी-छोटी जगहों को भी अच्छी तरह सजा कर दर्शनीय बनाया जा सकता है.

—नवभारत टाइम्स

विचित्र दुनिया—विचित्र लोग

विश्व के विचित्र इंसान

— ए. एच. हाशमी

मूल्यः20/- डाकखर्चः 5/-

बड़े साइज के 108 पृष्ठ

- दो सिर वाला अजूबा बच्चा कैसा था?
- शरीर से जुड़े स्यामी भाई?
- तीन टांगों वाला व्यक्ति कैसे चलता था?
- क्या कोई व्यक्ति आधे टन का था?

ऐसी ही कितनी अन्यान्य विचित्र जानकारियां।

70 से 225 वर्गमीटर के नक्शे

51 हाउस डिजाइंस

मूल्यः 48/- डाकखर्चः 6/-

प्रत्येक नक्शा निम्न बातों को ध्यान में रखकर बनाया गया है.

- ड्राइंग, डाइनिंग, बैठक व बाथरूम एवं रसोईघर आदि का सही तालमेल हो.
- जगह का सदुपयोग हो. सभी कमरे हवादार हों व उनमें कुदरती रोशनी हो आदि।

विचित्र जन्तुओं का संसार

विचित्र जीव-जन्तु

—ए.एच. हाशमी

मूल्यः 20/-
डाकखर्चः 5/-

टुआटरा: *तीन आंख वाला विचित्र प्राणी।*
कांच मेंढक: *जिसकी पारदर्शी त्वचा में से भीतर का सारा शरीर दीख पड़ता है।*
लैंपधारी मछली: *जिसके सिर पर प्रकृति ने जलने वाले बल्ब दिए हैं।*

इसी प्रकार के 75 से भी अधिक विचित्र-जंतु।

250 से 500 वर्गमीटर के नक्शे (फ्रण्ट एलीवेशन के डिजाइनों सहित)

माडर्न हाउस प्लान्स

मूल्य 36/- डाकखर्च: 6/-

- रोड़ी-सरिये के डिज़ाइनों की पूर्ण जानकारी
- सजावटी पेड़-पौधों की जानकारी
- कमरों के परस्पर सही तालमेल के तरीके
- मकान-सम्बन्धी प्राविधिक जानकारियां.
- बिल्डिंग बाई-लॉज का विवरण

बच्चों को इंटैलीजैंट बनाने वाला अद्‌भुत नॉलिज बैंक

बच्चों के मस्तिष्क में घुमड़ने वाले हजारों अनबूझे 'क्यों और कैसे' किस्म के प्रश्नों के उत्तर बताने वाला एक अनूठा प्रकाशन

चिल्ड्रन्स नॉलिज बैंक (छः खण्डों में)

आकर्षक गिफ्ट बॉक्स में

बच्चे के मस्तिष्क के लिए एक टॉनिक

जरा सी समझ आते ही बच्चे के मस्तिष्क में '**क्यों**' और '**कैसे**' किस्म के हजारों प्रश्न घुमड़ने लगते हैं। उचित समय पर मिले प्रश्नों के उत्तर उसके दिमाग के लिए टॉनिक का काम करते हैं जबकि उत्तर न मिलने से उसका मानसिक विकास रुक जाता है।

6 खण्डों की इस शृंखला में हैं.....

- **1300** बड़े आकार के पृष्ठ
- **1100** से अधिक चित्र
- **5,00,000** शब्दों की पाठ्य-सामग्री
- **1050** प्रश्नों के सुबोध उत्तर

मूल्यः

पेपरबैकः 40/- डाकखर्चः 6/- प्रत्येक

पूरा सैटः 240/- (गिफ्ट बॉक्स में) डाकखर्चः माफ

अंग्रेजी तथा 8 भारतीय भाषाओं में प्रकाशित

प्रश्नों में से कुछ की झलक

☐ महिलाओं की दाढ़ी क्यों नहीं होती? ☐ क्या अन्य ग्रहों से लोग पृथ्वी पर आते हैं? ☐ आकाश नीला क्यों है? ☐ मुंहासे क्यों होते हैं? ☐ टेस्ट ट्यूब बेबी क्या है? ☐ सपने क्यों दिखाई देते हैं? ☐ इलेक्ट्रानिक घड़ी कैसे काम करती है? ☐ मिस्र में ममी कैसे बनाते थे? ☐ उड़न-तश्तरी क्या है? ☐ एल.एस.डी. क्या है? ☐ हाइड्रोजन बम क्या है? आदि....

विशेषताएं

- 50 लाख से भी अधिक पाठकों की पसंद
- विद्यालयों में पुरस्कार के रूप में वितरित
- प्रत्येक खण्ड अपने आप में संपूर्ण
- पत्र-पत्रिकाओं द्वारा प्रशंसित

आधारभूत विषय

★ पृथ्वी एवं ब्रह्मांड ★ आधुनिक विज्ञान, वनस्पति एवं पशु-पक्षी जगत ★ आविष्कार एवं खोजें ★ खेल एवं खिलाड़ी ★ आश्चर्य एवं रहस्य ★ सामान्य ज्ञान ★ मानव शरीर ★ भौतिक-रसायन एवं जीव विज्ञान आदि

Master Computer Today For A Better Tomorrow

Computers are invading every facet of a person's life—the home, the office, the classroom or the play ground. Whether in job or business, they are opening up bright new vistas of knowledge and happiness.

— Er. V.K. Jain

- **Computer for Beginners**
- **Basic Computer Programming**

The twin-books are a must for those who are interested in computers, their function and operation, but are discouraged by their complexities. All is made easy through simple language and instructive illustrations.

The books are designed for mass education as per Computer Literacy Project of NCERT and also conform to course on computers recently undertaken by C.B.S.E.

Big Size 192 & 172 pages respectively
Price : Rs. 36/- each Postage : Rs. 6/- each

A Complete Guide to PCs

- ★ Creates awareness about modern computer—Hardware & Software & how these can serve as productivity aids.
- ★ Imparts working knowledge of Computer technology, Software Packages like Word-Star, Lotus 1-2-3, dBASE-III etc. to an ordinary man avoiding technical words.
- ★ Helps in assessing the operations that require computer.

Price : Rs. 48/- Postage : Rs. 6/-

कद बढ़ाने के अनुभूत तरीके

अपना कद बढ़ाइये

मूल्यः 20/-
डाकखर्च : 5/-
Also available in English

प्रस्तुत है कद लम्बा करने का आजमाया हुआ वैज्ञानिक अनुसंधान! इसमें यूरोप और अमरीका में टेस्ट किया हुआ ऐसा सचित्र कोर्स दिया गया है जिसकी मदद से आप ***केवल 15 मिनट प्रतिदिन अभ्यास द्वारा कुछ ही हफ्तों में अपनी हाइट 10 सेमी. तक तो बढ़ा ही सकते हैं।***

बिना हथियार मारधाड़ की जापानी कलाएं

जूडो कराटे

(जुजुत्सु-बॉक्सिंग सहित)

मूल्यः 20/- डाकखर्चः 5/-
पृष्ठ : 128
Also available in English

हिन्दी में पहली बार प्रकाशित 300 से अधिक दांव-पेंचों का सचित्र कोर्स। इसकी मदद से आप चाकू, लाठी, भाला आदि के वार से अपना बचाव करके अपने से चार गुना ताकतवर हमलावर को भी चुटकियों में धराशायी कर सकते हैं।

आप भी सीखो करना बुनाई

आधुनिक बुनाई शिक्षा

पुस्तक में **200** से अधिक नई बुनतियों से ऊनी वस्त्र तैयार करने की विधियां दी गई हैं। साथ में उनकी धुलाई व दाग-धब्बे छुड़ाने के विभिन्न तरीके भी दिये गये हैं। **मूल्यः रु. 48/-**

Skill in correspondence ensures

Brighter Career... Faster Promotion... Sure Success in Business...

Rapidex

Self Letter Drafting Course

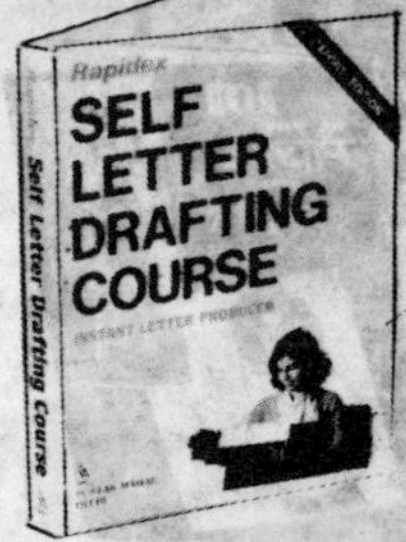

Big Size
Pages: 354
Price: Rs. 50/-

Whether you are an administrator or a supervisor, office superintendent or a steno-typist—**the skill in correspondence is an art you must master**, because almost every situation, every occasion calls for a well-drafted letter. And with this skill in hand none can stop you from getting ahead.

While other books teach you to copy readymade letters given in them, this course will teach you how to draft a letter of your own choice.

FEATURES

- ☐ Sentences and phrases in abundance.
- ☐ Tick mark the required ones.
- ☐ Arrange in proper order instantaneously.
- ☐ Shape & mould the way you want to.

....And now make as many letters as you want on the same subject.

DIVIDED UNDER 3 SECTIONS.

It takes care of your personal and social letters, commercial correspondence and applications for job.

कोई भी भाषा सीखें

रैपिडैक्स

लैंग्युएज लर्निंग सीरीज़

इतनी सरल व ग्राह्य सीरीज़ कि आप कुछ ही दिनों में काम चलाने लायक कोई भी भारतीय भाषा बोलने और समझने लगेंगे

12 खण्डों की सीरीज़ की पुस्तकें

हिन्दी-तेलुगू लर्निंग कोर्स
हिन्दी-कन्नड़ लर्निंग कोर्स
हिन्दी-तमिल लर्निंग कोर्स
हिन्दी-बंगला लर्निंग कोर्स
हिन्दी-गुजराती लर्निंग कोर्स
हिन्दी-मलयालम लर्निंग कोर्स

इसी प्रकार प्रान्तीय भाषाओं से हिन्दी सीखने के लिए भी 6 पुस्तकें उपलब्ध

सभी पुस्तकें लगभग 250 पृष्ठों में
प्रत्येक पुस्तक का मूल्य: 30/- डाकखर्च: 6/- प्रत्येक

Books for Science Students

General Science

A series of five books

The series provides help and guidance on all the major branches of science—*Physics, Chemistry, Biology, Geology & Astronomy.*

Price: 15/- each Postage 4/- each

Quiz Series

(Work-Books for Physics, Chemistry, Biology & Science)

Each book in this series contains 1000 quiz-type questions covering almost every branch of particular science with answers.

Price: 12/- each Postage: 4/- each Also in Hindi

Know Science

Know Science offers pupils in the 10-13 age-range 1000 questions in the general field of science

Price: Rs. 15/- Postage: Rs. 4/-

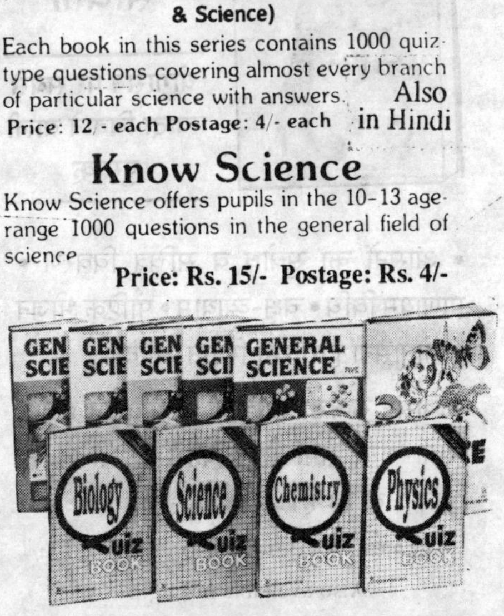

खेल-खेल में जादू सीखो, खेल साइंस के खेलो–ज्ञान बढ़ाओ, रौब जमाओ, मित्रों में यश लेलो

101 मैजिक ट्रिक्स

–आइवर यूशिएल

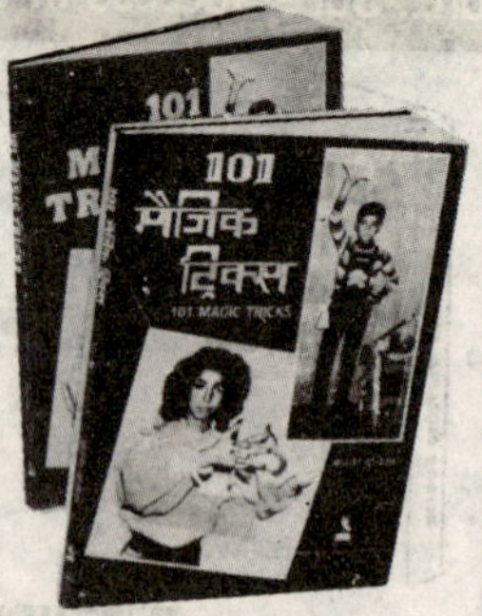

इस सचित्र पुस्तक में दी गई हैं–ऐसी 101 शानदार व जानदार ट्रिक्स, जिनका समझना जितना सरल है, उनका प्रदर्शन उससे भी आसान! बस! जरूरत है तो थोड़े से अभ्यास के साथ चन्द ऐसी चीजों की, जो तुम्हें आसानी से उपलब्ध हो जाएंगी।

ट्रिक्स की एक झलक: ■ *टूटी माला फिर तैयार* ■ *गिलास का पानी गायब करना* ■ *रूमाल आग से न जले* ■ *सर पर रखा हैट स्वयं उछले आदि....*

मूल्य: 24/- डाकखर्च: 5/- पृष्ठ: 120

Also available in English

101 साइंस गेम्स

–आइवर यूशिएल

विज्ञान के 101 खेलों की यह पुस्तक खेल ही खेल में कुछ ऐसे वैज्ञानिक उपकरण बनाना सिखा देती है, जो बनेंगे तो खिलौने ही पर बच्चों को बिलकुल असली उपकरण जैसा ही आनंद देंगे। जैसे–**बैरोमीटर, विद्युत-चुम्बक, हैक्टोग्राफ, स्टीम टरबाइन, इलेक्ट्रोस्कोप आदि....**

इनके अलावा बहुत से अन्य रोचक प्रयोग जैसे–***कागज के बर्तन में पानी उबालना, भाप से नाव चलाना आदि*** 101 मनोरंजक जादू से प्रतीत होने वाले वैज्ञानिक खेल।

मूल्य: 24/- डाकखर्च: 5/- पृष्ठ: 120

English Edition also available

योगाभ्यास द्वारा किसी भी रोग से छुटकारा पाइये!

योगासन एवं साधना

योगासन पर सबसे ज्यादा बिकने वाली पुस्तक

- आसनों का सुबोध व सचित्र विवरण • प्राणायम विधि • चक्षु-व्यायाम • पौष्टिक भोजन • योगासनों द्वारा रोग निदान आदि.....

योगासन सैकड़ों शाखाओं में प्रतिदिन हजारों योगाभ्यासी रोगों से छुटकारा पा जीवन का आनन्द ले रहे हैं।

डिमाई साइज पृष्ठ: 120/- मूल्य: 20/- डाकखर्च: 4/-

Also available in English

Get your child admitted in a public school

CHILDREN'S PICTURE DICTIONARY

All in colour

- Successfully prepares your child for admission in a Public School.
- Contains 1500 words of daily use.
- Each & every word has been explained with colourful pictures & small & simple sentences.

The Dictionary is really a treasure-trove of knowledge for your children wherein they will discover the names of... • *Birds* • *Animals* • *Fruits* • *Vegetables* • *Colours* • *Parts of Body etc.*

Giant Size Price 40/- Postage: 6/-

Subject Quiz Series

in six subjects, so far

Science Quiz Book (General)

Covers advanced topics on Plant Kingdom, Animal World, Human Body, Human Diseases, Medicine, Universe, Science Laws, Scientific Instruments, Domestic Appliances, Computers, Space Exploration, Everyday Science, Scientific Achievements of India, Inventions and Inventors and many more similar topics.

Electronics & Computers Quiz Book

From the history and evolution of Electronic science and computers to the latest developments in the field .

Mathematics Quiz Book

Crisp questions that can be asked on Arithmetic, Algebra, Geometry, etc., covering all formulae, theorems and short-cuts.

Environment Quiz Book

All ecological and biological aspects of the nature sorrounding us.

Medical Quiz Book

All developments in the field of medicine and medical equipment, diseases and all related zoological topics.

Astronomy Quiz Book

The universe in a nutshell — stars, planets, satellites, comets and all the theories based on astronomical inventions.

Explanatory answers provided for every question. Profusely illustrated for better and quick understanding.
Helpful for vivas, and competitive tests like MBBS and Engineering and other scientific courses.
To face the challenges of competitive quiz programmes on Radio/TV or in Schools and Colleges.
Useful scientific tips for all interviews.
Recommended for 10 + 2 classes.

'Science Quiz Book' also available in Hindi.

Big Size

Price: Rs. 24 each. Postage: Rs. 5

कैमरा साधारण हो या बढ़िया–आप स्वयं ट्रिक फोटोग्राफी कर सकते हैं...

ट्रिक फोटोग्राफी एंड कलर प्रोसेसिंग

–ए.एच. हाशमी

....बोतल के भीतर आदमी, हथेली पर नाचती औरत, सेब में से झांकते बच्चे या पत्ते पर प्रेमिका का फोटो उतारिए!

ट्रिक फोटोग्राफी पर हिंदी में प्रथम पुस्तक–जिसमें ट्रिक और इफेक्ट की पूरी-पूरी प्रैक्टिकल जानकारी चित्रों के साथ दी गई है. इसके अलावा.... कलर फोटोग्राफी व कलर प्रोसेसिंग की प्रैक्टिकल जानकारी भी इसमें है, जिसकी मदद से आप निगेटिव या ट्रांसपेरैंसी की प्रोसेसिंग कर सकते हैं और अच्छे कलर एन्लार्जमैन्ट भी बना सकते हैं।

डिमाई साइज पृष्ठ : 248
मूल्यः 32/- डाकखर्चः 6/-

डा. नारायणदत्त श्रीमाली द्वारा विरचित

मूल्य: 30/-
डाकखर्च: 5/-

मूल्य 40
डाकखर्च 6/-

तांत्रिक सिद्धियां

मंत्र-अध्येताओं, तांत्रिकों एवं साधकों के लिए ऐसी पथ-प्रदर्शक पुस्तक जिसमें दुष्कर तांत्रिक क्रियाओं का सरल एवं सचित्र विवरण है।

मंत्र रहस्य

मंत्रों के मूल स्वरूप, मंत्र-चैतन्य, मंत्र कीलन-उत्कीलन, मंत्र-ध्वनि, मंत्र-विनियोग एवं मंत्रों के सफल प्रयोगों के लिए सचित्र ग्रन्थ।

'रिप्ले' की *Believe It or Not!* अब हिन्दी में भी....

संसार के 1500 अद्भुत आश्चर्य

पुस्तक में कुदरत के चमत्कारों, अद्भुत ऐतिहासिक घटनाओं, बादशाहों की अजीबो-गरीब सनकों, साहस और वीरता के बेमिसाल कारनामो, पृथ्वी, समुद्र और आकाश के जीव-जन्तुओं और वनस्पतियों की अनजानी विचित्रताओं का सचित्र वर्णन किया गया है।

मूल्य: 36/- डाकखर्च: 6/- पृष्ठ: 224

- दुर्गा महिमा
- शिव महिमा
- विष्णु महिमा
- लक्ष्मी महिमा
- गणेश महिमा
- हनुमान महिमा

पुस्तकों में महिमाओं के अतिरिक्त पूजा के मंत्र, नैवेद्य आदि की विधियां भी हैं।

मूल्य: 24/- डाकखर्च: 5/-

तीर्थ-यात्रा का सुफल पाइये

हमारे पूज्य तीर्थ

बड़े 208पृष्ठ
मूल्य: 36/-
डाकखर्च: 6/-

यह पुस्तक आपको, तीर्थों की धार्मिक, ऐतिहासिक पृष्ठभूमि, उपयोग में आने वाले साज-सामान, आने-जाने के मार्ग का निर्देश, ठहरने आदि की वांछित जानकारी प्रदान करेगी।

घर बैठे दर्जियों जैसी टेलरिंग सिखाने वाला प्रभावी एवं सरल कोर्स

रैपिडैक्स होम टेलरिंग कोर्स

(लेखिका: श्रीमती आशारानी व्होरा)

घरभर की पोशाकों.... अर्थात् नन्हे-मुन्नों की नेपकिन से लेकर पुरुषों की कमीज-पैंट तक.... कुल मिलाकर 175 से अधिक डिजाइनों एवं नमूनों की पोशाकों की प्लानिंग, कटाई व सिलाई की सचित्र जानकारी।

- मनमोहक फ्राकें, लुभावनी मैक्सियां, सलौनी नाइटी, नाइट सूट व गाउन, आकर्षक टाप्स, नन्हे-मुन्नों के रंगारंग कपड़े, युवक-युवतियों के लिए पैंट, बैल-बाटम, शर्ट, बुशर्ट व जीन्स
- गृह-सज्जा के लिए परदे, कुशन आदि
- पुराने कपड़ों से बच्चों के कपड़े बनाना
- भांति-भांति की डाट्स, चुन्नट, प्लीट्स, जेबें, आस्तीन, कालर योक, बटन आदि
- मशीन के कलपुर्जों की जानकारी भी

300 से अधिक रेखा व छायाचित्रों से सुसज्जित | मूल्य: 48/- डाकखर्च: 6/-

English-Hindi Sentence Dictionary
अंग्रेजी-हिन्दी बोलती डिक्शनरी (वाक्यों सहित)

हिन्दी में यह अपने ही प्रकार की पहली ऐसी डिक्शनरी है,जिसकी शब्दावली वाक्यों के रूप में बोलती है और अपने पाठकों को उसकी व्याकरण-रचना से परिचित कराकर उसका सही-संदर्भों में प्रयोग भी सिखाती है।

प्रायः प्रयोग में आने वाले अंग्रेजी के 4000 शब्दों का हिन्दी में उच्चारण, हिन्दी-अर्थ तथा उनका अंग्रेजी के वाक्यों में प्रयोग सिखाने वाली अपने प्रकार की पहली डिक्शनरी।

मूल्य: 28/-
डाकखर्च: 6/-
पृष्ठ: बड़े 154

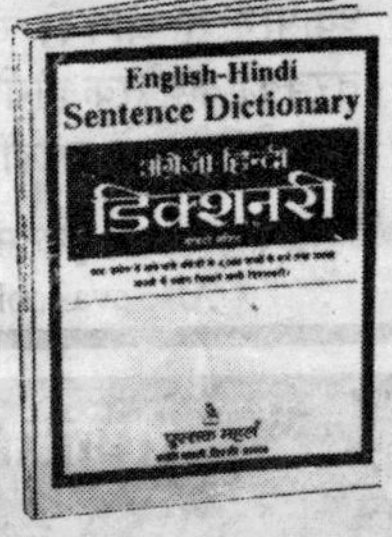

अंग्रेजी-मराठी संस्करण भी उपलब्ध

अपना दिमाग तेज कीजिए

101 दिमागी कसरतें

हरीश चंद्र संसी

सिर को खुजलाने के लिए विवश कर देने वाली ऐसी पहेलीनुमा चुनौतियां, जिनको हल करने की कोशिश में जहां एक ओर आपका मनोरंजन होगा वहीं दूसरी ओर आपका दिमाग भी तेज होगा। बच्चों, जवानों तथा बूढ़ों—सभी के लिए मजेदार 101 रोचक दिमागी कसरतें

मूल्य: 18/- डाकखर्च: 5/- Also available in English

My Picture Dictionary

For Nursary Classes

All illustrated 48 multi-colour pages.

Price: Rs. 15/-
Postage: Rs. 5/-

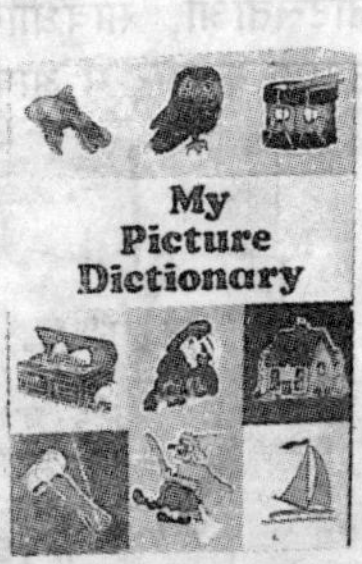

प्रसिद्ध भविष्यवक्ता, प्रकाण्ड ज्योतिषी, हस्तरेखा-विशेषज्ञ एवं सिद्धहस्त तांत्रिक-मांत्रिक डा. नारायणदत्त श्रीमाली की अनमोल पुस्तकें

वृहद् हस्तरेखा शास्त्र

- आप खुद अपने हाथ की रेखाएं पढ़कर अपना भविष्यफल जान सकते हैं। किसी पण्डित अथवा ज्योतिषी के पास जाने की आवश्यकता नहीं है।
- हस्तरेखा के 240 विभिन्न योगों का पहली बार प्रकाशन, जैसे—आपके हाथ में धन-संपत्ति का योग, पुत्र-योग, विदेश-यात्रा योग आदि हैं या नहीं?
- आपके हाथ की रेखाएं क्या कहती हैं? कौन से व्यापार से आपको लाभ होगा? नौकरी में तरक्की कब तक होगी? पत्नी कैसी मिलेगी? इत्यादि सैकड़ों प्रश्नों के उत्तर।

डिमाई साइज़ 266 पृष्ठ मूल्यः 40/- डाकखर्चः 6/-

Also available in English

प्रैक्टिकल हिप्नोटिज्म

- पुस्तक में हिप्नोटिज्म को सरल-सरस ढंग से चित्रों द्वारा समझाया गया है, जिससे साधारण पाठक भी एक अच्छा सम्मोहन विशेषज्ञ बन सकता है।
- पुस्तक में हिप्नोटिज्म के प्रकार, पयोग, शक्ति, हिप्नोटिज्म के सिद्धांत, त्राटक, सम्मोहन के तथ्य आदि पर पूर्ण प्रामाणिकता के साथ सचित्र विवरण है।
- रोग-निवारण, कष्ट दूर करने व जीवन में प्रतिदिन आने वाली बाधाओं व आपदाओं के निराकरण में इस पुस्तक में दिया गया विवरण पूर्णतया उपयोगी है।

मूल्यः 40/- डाकखर्चः 6/-

Also available in English

रोगों से निबटने में डाक्टर से भी ज्यादा आपकी अपनी भूमिका आवश्यक है

इंग्लैंड के प्रसिद्ध डाक्टरों एवं विशेषज्ञों द्वारा लिखित प्रसिद्ध ब्रिटिश

पॉकेट हैल्थ गाइड्स

(अब हिन्दी में भी उपलब्ध)

पॉकेट हैल्थ गाइड्स इन बीमारियों के कारणों, जटिलताओं, सावधानियों तथा रोकथाम के उपायों के बारे में आपका ज्ञानवर्द्धन करेंगी।

मूल्य: 8/- प्रत्येक
डाकखर्च: 4/- प्रत्येक

हिन्दी में 16 तथा अंग्रेजी में 18 हैल्थ गाइड्स

- एलर्जी *(Allergies)*
- रक्तक्षीणता *(Anaemia)*
- संधिशोथ एवं गठिया *(Arthritis & Rheumatism)*
- दमा *(Asthma)*
- पीठ का दर्द *(Back Pain)*
- बच्चों के रोग *(Children's Illnesses)*
- रक्त-संचार की समस्याएं *(Circulation Problems)*
- अवसाद और चिंता *(Depression & Anxiety)*
- मधुमेह *(Diabetes)*
- उच्च रक्तचाप *(High Blood Pressure)*
- हृदय रोग *(Heart Trouble)*
- रजोनिवृत्ति *(The Menopause)*
- आधासीसी का दर्द *(Migraine)*
- पैप्टिक अल्सर *(Peptic Ulcers)*
- रजोपूर्व तनाव *(Pre-Menstrual Tension)*
- त्वचा-रोग *(Skin Troubles)*
- *Cystitis* • *Hysterectomy*

Out with all Stains

Spot Check

Straightforward tips to cope with all types of stains. A full section on fabrics with a comprehensive chart. Tackle stains on Wallcoverings, Carpets, Pots, Furniture, Metals etc.

यह पुस्तक हिन्दी में भी उपलब्ध है।

Price : Rs. 18/- Postage Rs. 5/-

घर में ही ब्यूटी क्लीनिक

होम ब्यूटी क्लीनिक

—परवेश हांडा

Also available in English

घर-बैठे ब्यूटी क्लीनिक जैसे मेकअप की विधियां सिखाने वाली एक ऐसी पुस्तक, जिसमें त्वचा की देखभाल, शरीर को सुडौल बनाने संबंधी व्यायाम तथा आकर्षक हेयर स्टायल्स आदि की संपूर्ण जानकारी दी गई है।

बड़े 140 पृष्ठ मूल्यः 28/- डाकखर्चः 6/-

समय और धन की बचत करें

गृह-उपयोगी नुक्ते

(Home Hints)

Also available in English.

चीजों के लंबे समय तक बिना सड़े-गले भंडारण की विधियां, बोतलों, टी-पॉट आदि की सफाई सहित हजारों नुक्तों का एक बहुरंगी सचित्र संकलन।

मूल्यः 18/- डाकखर्चः 5/-

आधुनिक केश-सज्जा सीखो

मॉडर्न हेयर स्टायल्स

-आशारानी व्होरा

इस पुस्तक की मदद से किसी भी प्रकार की हेयर सैटिंग घर में ही कीजिए। बॉय-कट, बॉब-कट, राउण्ड-कट, स्ट्रेट-कट, फीजर-कट, स्टैप्स, पोनी-टेल, रिंगलट्स, शोल्डर-कट, शेग-स्टायल या स्विच-सज्जा—मूल्यः 24/- डाकखर्चः 6/-

कमर पतली कीजिए

लेडीज स्लीमिंग कोर्स

केवल ***15 मिनट*** रोज के इस कोर्स की मदद से आप अपनी कमर और पेट पर चढ़ी फालतू चरबी शीघ्र ही घटा सकती हैं और अपनी कमर का नाप **पांच दिन में सात-आठ सेंटीमीटर** तक कम कर सकती हैं। मूल्यः 20/- डाकखर्च : 5/-

18 विशेषज्ञ डाक्टरों के इंटरव्यूज पर आधारित

बेबी हेल्थ गाइड

-आशारानी व्होरा

यह गाइड बच्चों से संबंधित सभी विषयों का एक अनूठा एनसाइक्लोपीडिया है, जिसमें उनके शारीरिक रोगों से लेकर उनके मनोविज्ञान तक के सभी पहलुओं को सविस्तार समझाया गया है।

मूल्य: 48/- डाकखर्च : 6/-

मोटे पतले हो सकते हैं

20 दिन में
मोटापा घटाइये

Also available in English

मोटापा भयंकर बीमारियों की जड़ है, सैक्स-क्रीड़ा में बाधक है, सेहत के लिए अभिशाप है। **केवल 15 मिनट नित्य का कोर्स लगातार 20 दिन तक करिए,** आपको आश्चर्यजनक फर्क नजर आएगा।

मूल्य: 20/- डाकखर्च: 5/- पृष्ठ: 72

बाटिक कला सीखिए

बाटिक कला

बड़े साइज के 120 पृष्ठ

मूल्य: 20/- डाकखर्च: 5/-

घर की सजावट के साज-सामान से लेकर पहनने के वस्त्रों तक पर बाटिक कला का प्रयोग कर—**पर्दे, मेजपोश, टीकोजी, रेडियो कवर, चादरें, कुशन, साड़ी-ब्लाउज़ आदि** पर विभिन्न प्रकार के रंग-बिरंगे डिजाइन बना सकते हैं।

पेंटिंग सिखाने वाला कोर्स

ड्राइंग तथा पेण्टिग कोर्स

—ए.एच. हाशमी

इस कोर्स की मदद से आप कुछ ही दिनों में आकृतियों के एक्शन से भरे चित्र तथा सीन-सीनरियां, वाटर-कलर, ऑयल-कलर, एक्रेलिक-पेंटिंग, हिन्दी-अंग्रेजी लैटरिंग आदि सीख कर लाभान्वित हो सकते हैं।

पृष्ठ : 144 मूल्य : 28/- डाकखर्च : 6/-

आकस्मिक दुर्घटना के समय

प्राथमिक उपचार (First Aid)

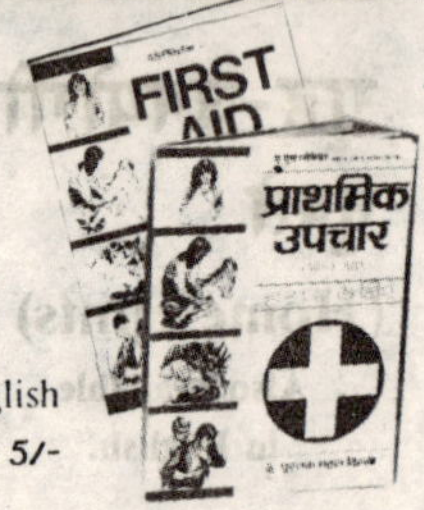

Also available in English

मूल्य : 18/- डाकखर्च : 5/-

पुस्तक में डाक्टरी सहायता उपलब्ध होने तक दिल का दौरा पड़ने, करंट लगने, विषाक्त भोजन खाने, जल जाने, चोट से निरंतर खून बहने, हड्डी टूटने आदि जैसी अनेक आकस्मिक दुर्घटनाओं से जूझने की विधियां दी गई हैं।

Bring Greenery Indoors

House Plants

Price : Rs. 18/-
Postage Rs. 5/-

Tips on indoor greenery. Get to know all about choosing, buying, watering and feeding House plants.... Bottle gardens.... Flowering and Foliage plant.... from BULBS to BONSAI.

Full of Colourful Illustrations.

रसोई की रानी बनिये

भारतीय व्यंजन

—कुमुदिनी मुंशी

मूल्य: 15/- डाकखर्च: 5/-

पराठे, पूरी, सब्जियां, बाटी, कढ़ी, कोफ्ते, सलाद, चटनी, मुरब्बे, अचार, खीर, हलवा, डोसा-इडली, कचौरियां, शरबत, आइसक्रीम आदि बनाने की विधियां।

हिन्दी में पहली बार प्रकाशित बहुरंगी एनसाइक्लोपीडिया

जूनियर साइंस एनसाइक्लोपीडिया

(Junior Science Encyclopedia)

256 पृष्ठों में 800 से भी अधिक रंगीन चित्रों एवं 80,000 शब्दों की पाठ्य-सामग्री से युक्त प्रस्तुत एनसाइक्लोपीडिया वैज्ञानिक विषयों पर लिखा गया एक अमूल्य संदर्भ-ग्रंथ है। बच्चे की हर '*क्यों*', '*कैसे*', और '*कहां*' का उत्तर देने में सक्षम एक संग्रहणीय ग्रंथ!

मूल्य: 300/- डाकखर्च: 10/-

पांच खंड

1. पृथ्वी एवं ब्रह्मांड, 2. नाप, गति एवं ऊर्जा, 3. प्रकाश, दृष्टि तथा ध्वनि, 4. इलेक्ट्रॉनों की उपयोगिता, 5. खोज एवं आविष्कार।

Published in India in collaboration with Hamlyn Publishing London.

सुविख्यात पाक-कला विशेषज्ञा 'श्रीमती आशारानी व्होरा' द्वारा प्रस्तुत

मॉडर्न कुकरी बुक

भारतीय एवं पश्चिमी स्टायल में किचन सैटिंग के 15 से अधिक फोटोग्राफ्स, रसोईघर के आवश्यक सामान व आधुनिक उपकरणों सहित।

बड़े साइज के
148 पृष्ठ
सैकड़ों रेखा व छाया चित्र
मूल्य : 24/-
डाकखर्च : 5/-
Also available in English

- मेहमानों का स्वागत कैसे करें, परोसने के क्या-क्या तरीके हैं, व्यंजनों को प्लेटों में कैसे सजाएं तथा डायनिंग टेबल पर प्लेटों व क्रॉकरी आदि को कैसे सजाएं।
- दैनिक नाश्ते, लज़ीज़ सब्जियां तथा विशेष अवसरों के लिए मीठे व नमकीन विशिष्ट पकवानों के साथ-साथ जैम, मुरब्बा, जैली, आइसक्रीम, कुल्फी, स्कवैश, फ्रूट-कस्टर्ड, अचार, चटनी, सॉस, सलाद, सूप, सैंडविच और फ्रूट-काकटेल आदि व्यंजनों को बनाने की सचित्र विधियां।

चमत्कारी किरण–लेसर

रक्षा मंत्रालय, भारत सरकार द्वारा पुरस्कृत

एक ऐसा चमत्कारिक आविष्कार, जिसके उपयोगों ने आज सारे संसार में धूम मचा दी है। *लेसर क्या है तथा लेसर के 50 से भी अधिक उपयोगों की सचित्र जानकारी।*

बड़े साइज़ के
112 पृष्ठ
मूल्य: 24/-
डाकखर्च: 6/-

अपने लाड़लों के लिए कोई भी मनपसन्द नाम चुनिए!

बच्चों के 2001 नाम

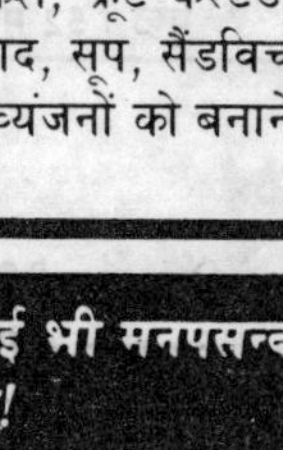

मूल्य : 10/- डाकखर्च : 4/-
(In Two Colour)

N.C.E.R.T. द्वारा पुरस्कृत

51 महान आविष्कार

–राजेन्द्र कुमार राजीव

पुस्तक में आज के विज्ञान और आधुनिक सभ्यता का आधार समझे जाने वाले हजारों साल पहले के **पहिए** के आविष्कार से लेकर आधुनिक युग के **राडार, कम्प्यूटर, रॉकेट** आदि तक के आविष्कारों का सचित्र वर्णन किया गया है।

बड़े 168 पृष्ठ मूल्य : 30/- डाकखर्च : 6/-

जीव-जन्तुओं की आत्मकथाएं

हम जीव-जन्तु

लेखक–रवि लायटू
भूमिका–रामेश बेदी

जीव-जन्तुओं के संसार के 50 सदस्यों की रोचक आत्मकथाएं, उनकी जबानी सुनिए–

- ★ *वे किस जात बिरादरी के हैं?*
- ★ *उनकी दिनचर्या क्या है?*
- ★ *वे क्या खाते-पीते हैं? आदि-आदि....*

बड़े 116 पृष्ठ मूल्य : 20/- डाकखर्च : 5/-

नवजात शिशु के लिए सर्वोत्तम उपहार

बेबी रिकार्ड एलबम

Also available in English

इसमें आप अपने बच्चे के जन्म से अगले पाच वर्ष तक के सीढ़ी-दर-सीढ़ी विकास (दंत-अंकुरण, पहली बार बैठना व चलना आदि), जन्म संबंधी विवरणों (जन्म तिथि, जन्म का वजन, लंबाई व कुंडली आदि), के रिकार्ड के साथ ही प्रत्येक अवसर के स्मरणीय फोटो भी संजो सकते हैं।

पृष्ठ : 52 मूल्य : 50/- डाकखर्च : 6/-

लैटरिंग की आकर्षक विधियां सीखो

इंगलिश-हिन्दी मॉडर्न लैटरिंग

लेखक: ए.एच. हाशमी

- अक्षरों की बनावट का वर्गीकरण तथा बेसिक बनावट, स्ट्रॉक्स लगाने के तरीके, पैन, स्टील तथा फ्लैट ब्रुश द्वारा लैटरिंग।
- अक्षराकन के मूल सिद्धांत। सभी तरह की अंग्रेजी-हिन्दी लैटरिंग करने की विधियां तथा सैकड़ों आकर्षक नमूने।

172 पृष्ठ मूल्य 48/- डाकखर्च: 6/-

अपना मनपसन्द वाद्य बजाना सीखिए

- **सितार** सीखिए
- **गिटार** सीखिए
- **वायलिन** सीखिए
- **हारमोनियम** सीखिए
- **मेंडोलिन व बेंजो** सीखिए
- **तबला व कोंगो-बोंगो** सीखिए

संगीताचार्य श्री रामावतार 'वीर' रचित

युवा पीढ़ी के चहेते वाद्य, जिन्हें बिना शिक्षक के सरलता से सीखा जा सकता है और हमारे इन कोर्सों की मदद से आप कुछ ही दिनों में फिल्मी व शास्त्रीय धुनें निकालने लगेंगे।

मूल्य: 22/- डाकखर्च: 5/- प्रत्येक